Norbert Golluch
Illustrationen von Mascha Greune

1000 % Fußball

Schräge, skurrile und informative Zahlen aus der Welt des Fußballs

arsEdition

Haben es Fußballer nicht so mit Zahlen?

»Ihr fünf spielt jetzt vier gegen drei!«, soll der einstige Bundesliga-Trainer Fritz Langner mal gesagt haben. Und von Rudi Völler, dem früheren DFB-Teamchef, war zu hören: »Zu 50 Prozent stehen wir im Viertelfinale. Aber die halbe Miete ist das lange noch nicht.« Addition also Fehlanzeige, Prozentrechnung schwach. Aber beim Fußball zählen am Ende vor allem die Tore, und weiter als bis zehn muss man da ja selten zählen, oder? Irrtum, es kommt auch auf andere Zahlen an, wie du in diesem Buch nachlesen kannst. Nicht nur auf die Elf – auch wenn sich elf Spieler auf dem Platz über einen Elfmeter zum 11:0 freuen würden. Und nicht alle Zahlen sind so offensichtlich wie die Rückennummern der Spieler und die beiden durch einen Doppelpunkt getrennten Zahlen bei den Torergebnissen oder bei der Punktezählung in der Tabelle.

Manche sind so verborgen, dass man erst nach längerem Überlegen draufkommt, wie etwa auf die Anzahl der Grashalme auf einem Fußballfeld. Und wieder andere liefern uns fleißige Statistiker, die Listen und Tabellen führen und am Ende stolz verkünden, wie viele Tore der Torschützenkönig der Saison erzielt hat.

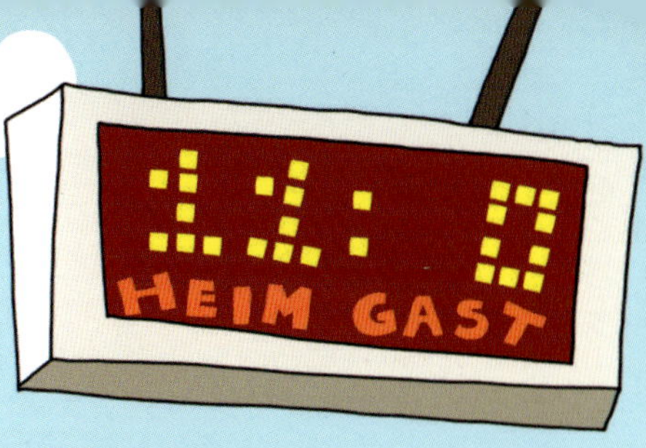

In diesem Buch stecken sie alle – die wichtigen und unwichtigen Zahlen in Sachen Fußball, die alltäglichen und die ungewöhnlichen, ja sogar die skurrilen. Solche, die über den Sieg entscheiden, und andere, die für den Ausgang des Spiels eigentlich gar keine Bedeutung haben. Aber es macht einfach Spaß, von ihnen zu erfahren und über die Geschichten, die sie erzählen, nachzudenken.

So kompliziert wie bei einem Schachturnier geht es in diesem Buch über Fußball und Zahlen nicht zu, obwohl Lukas Podolski seinen Sport ja für genauso knifflig wie das Brettspiel hält: »Fußball ist wie Schach, nur ohne Würfel.«

Trotzdem: Die nächsten Seiten sind einfach unterhaltsam und spannend, genau wie Fußball in seinen besten Minuten.

Kleine Anmerkung zur Genauigkeit: Wir haben getan, was wir konnten, und bis April 2011 überprüft, ob alle Zahlen und Angaben stimmen. Mancher Rekord wird aber gefallen sein, bis dieses Buch gedruckt ist, und sicher wird mancher Spieler und manche Spielerin den Verein gewechselt haben oder sich vom aktiven Sport zurückgezogen haben. Da müssen wir dann um Nachsicht bitten!

Los geht's – Fußball von null bis ...?

0

Die »Jenaer Fußballregeln« entstanden im Jahr 1896, und eine der wichtigsten ist eine Bestimmung, die man Null-Baum-Regel nennen könnte: Auf dem Spielfeld dürfen sich seither keine Bäume und Sträucher mehr befinden. Es fragt sich, wie vorher Fußball gespielt wurde. Ängstliche Verteidiger konnten den Ball möglicherweise vor den angreifenden Stürmern im Gebüsch verstecken ...

0 Die kleinste Form von unentschieden ist 0:0. Wenn ein Spiel so ausgeht, findet das eigentlich kaum jemand gut, denn es sind ja die Tore und vor allem die Tordifferenzen zwischen den gegnerischen Mannschaften, die das Fußballspiel spannend machen. Das erste Länderspiel der Fußballgeschichte am 30. November 1872 zwischen einer schottischen und einer englischen Auswahl endete übrigens 0:0.

0 Den absoluten Rekord in Sachen Rote Karte erreichte am 24. November 1999 ein englischer Fußballer. Im Spiel FC Swansea gegen Darlington wurde ein gewisser Walter Boyd in einer Spielunterbrechung wegen eines Freistoßes eingewechselt – und im nächsten Augenblick wieder vom Platz gestellt, noch bevor das Spiel erneut angepfiffen wurde. Walter Boyd erwies sich als ungeheuer unfair. Kaum war er auf dem Platz, hatte er einen gegnerischen Spieler mit dem Ellbogen am Kopf attackiert. Das bedeutete: Rote Karte – in 0 Sekunden.

0 Eine ausgesprochen persönliche Rückennummer wünschte sich der Spieler Hicham Zerouali, Spitzname »Zero« (= Null), der 1999–2002 für den FC Aberdeen spielte. Er erwirkte beim schottischen Fußballverband eine Ausnahmegenehmigung und durfte daraufhin die Ziffer 0 auf seinem Rücken tragen.

0,5 Wohl eines der merkwürdigsten Spielergebnisse aller Zeiten wurde in Brasilien erkämpft. Irgendwann in den 40er-Jahren des 20. Jahrhunderts soll bei einem Elfmeter und beim Stand von 0:0 Folgendes geschehen sein: Der Torschütze der Heimmannschaft läuft an, trifft den Ball und ... die Naht des Balls platzt! Damals verwendete man noch handgenähte Bälle, die nicht ganz so widerstandsfähig waren wie moderne Fußbälle. Während der innere Teil des Balls, die sogenannte Blase, ins Tor flog, nahm die leere Lederhülle eine andere Flugbahn und ging am Kasten vorbei. Der Schiedsrichter stand vor einem schier unlösbaren Problem, doch Spieler und Zuschauer drängten auf eine Entscheidung. So bestimmte der Unparteiische schließlich den Stand von 0,5:0 – die Gastgeber gewannen mit einem halben Tor ...

1 Tor Nr. 1 – das allererste Tor der Bundesliga, fiel am 24. August 1963 im Match Werder Bremen gegen Borussia Dortmund, und der Treffer gelang auch noch in der allerersten Spielminute! Der Schütze war der Dortmunder Stürmer Timo Konietzka.

1 Die meisten Fußballspiele gehen 1:0 aus – das hat eine Untersuchung des Weltfußballverbandes FIFA ergeben.

1 Nur eine Niederlage kassierte der FC Bayern München in der Bundesliga-Saison 1986/87 – ein Rekordergebnis! Von einer solchen Statistik träumt sicherlich jede Bundesliga-Mannschaft.

1 Der Torwart trägt die Rückennummer 1 auf dem Trikot. Im deutschen Weltmeisterschaftsteam 2010 zierte sie das Sporthemd von Manuel Neuer.

2

Die 2 ist in der Regel die Rückennummer eines der beiden Außenverteidiger. Im deutschen WM-Team 2010 spielte Marcell Jansen (Hamburger SV) auf dieser Position.

2 Den Titel »Kürzester Nachname in der Bundesliga« müssen sich die Spieler Demba Ba (West Ham United) und Jürgen Ey (einst FC Bayern München) teilen. Es gibt aber auch Fußballer mit ausgesprochen langen Namen – die wirst du weiter hinten in diesem Buch finden.

2 Eine der schnellsten Roten Karten aller Zeiten erhielt der walisische Amateurfußballer Lee Todd. Als der Schiedsrichter im Jahr 2000 das Spiel anpfiff, rief Lee Todd: »F*** me, that was loud!« (was hier besser nicht übersetzt wird). Für seine sprachliche Entgleisung erhielt er zwei Sekunden nach Spielbeginn die Rote Karte. Dabei hatte er es wahrscheinlich gar nicht böse gemeint, sondern war nur wirklich erschrocken über das laute Pfeifen des Schiedsrichters.

3

Die Drei ist meist die Rückennummer eines der beiden Außenverteidiger. Arne Friedrich (VfL Wolfsburg) übernahm diese Rolle im deutschen Weltmeisterschaftsteam 2010.

3 Im Hallenfußball kann das Tor, je nach Spielfeldgröße, 3 m oder 5 m breit sein. Dabei können die beiden Mannschaften die

Größe des Tors je nach Größe des Spielfelds wählen, die von Halle zu Halle unterschiedlich sein kann.

3 Einen zweifelhaften Rekord hält der schottische Zweitligaspieler Andy McLaren. In einem einzigen Spiel im Dezember 2006 kassierte er gleich dreimal Rot für Foulspiel, Angriff auf einen gegnerischen Spieler sowie Sachbeschädigung in der Schiedsrichterkabine. Schottisch sparsam war das nicht.

3 Drei Minuten ist ein Fußballspieler durchschnittlich in einem Spiel in Kontakt mit dem Ball. Das leuchtet ein: Es gibt 20 Feldspieler und zwei Torwarte auf dem Rasen; und 22 mal 3 Minuten ergibt 66 Minuten. Den Rest der Zeit – gerade einmal 24 Minuten – verbringt der Ball demnach unterwegs zwischen zwei Spielern, im Aus, in der Hand des Schiedsrichters oder auf dem Flug ins nächste Tor.

3 Drei Punkte bekommt die Siegermannschaft für ein gewonnenes Spiel. Bei einem Unentschieden erhält jede Mannschaft nur je einen Punkt. Bis zur Fußballsaison 1994/95 wurde ein Sieg in einem Bundesliga-Spiel mit nur zwei Punkten belohnt, für ein Unentschieden gab es wie heute noch je einen Punkt. Seit der Spielzeit 1995/96 gilt die Drei-Punkte-Regel der FIFA auch in der Bundesliga. Dadurch will man verhindern, dass allzu viele Spiele unentschieden ausgehen. Die Mannschaften sollen eher auf Sieg spielen und besser kämpfen, wenn sie für ein gewonnenes Spiel drei Punkte erhalten. Leider funktioniert das in der Praxis nicht immer so gut wie erwartet.

3 Eine sehr kurze Zeit bis zur Roten Karte brauchte ein gewisser David Pratt des englischen Vereins Chippenham Town (7. Liga): Nur drei Sekunden nach dem Anpfiff foulte er einen gegnerischen Spieler schwer und wurde vom Platz gestellt.

3 Als besondere Ehre gilt es, wenn ein Fußballverein die Rückennummer eines Spielers nach dessen Karriere-Ende zeitweise oder für immer sperrt. Der AC Mailand regelte diese Ehrung noch anders: Für Paolo Maldini, der bis zum Ende seiner aktiven Zeit mit der Nummer 3 angetreten war, wurde diese Ziffer quasi zum Familieneigentum. Sie wird erst wieder vergeben, wenn einer von Maldinis Söhnen als Profifußballer für den AC Mailand spielen sollte.

4 Ein Innenverteidiger trägt meist die Rückennummer 4 auf dem Trikot. Bei der Weltmeisterschaft 2010 trat Dennis Aogo vom Hamburger SV mit dieser Nummer auf dem Trikot für Deutschland an.

4 Vier Kilometer legt ein Fußballtorwart während eines Spieles zurück – eigentlich eine erstaunliche Strecke, wenn man annimmt, dass der Mann eigentlich nur als letzte Rettung in seinem Kasten stehen soll.

4 Das kürzeste Fußballspiel aller Zeiten – es dauerte vier Minuten – soll in Bulgarien stattgefunden haben. Die Gastgebermannschaft im Spiel Gigant Belene gegen Schawdar Bijala Slatina trat nur mit acht Spielern an, weil etliche Spieler verletzt oder gesperrt waren. Zwei weitere Mitglieder der Mannschaft wurden gleich in den ersten Minuten des Spiels verletzt und mussten vom Platz gehen. Das Spiel wurde in der fünften Minute nach den Regeln der FIFA (sieh einmal bei der Sieben nach!) abgebrochen und nachträglich mit 3:0 für die Gastmannschaft gewertet.

4 Als das Licht der Stadionbeleuchtung noch aus den vier Ecken auf das Spielfeld fiel, hatten die Spieler bei Fernsehübertragungen vier sogenannte »Libellenschatten«. Es sah aus, als hätten sie Libellenflügel. Mittlerweile sind die Flutlichtanlagen aber so konstruiert und gleichmäßig rund um das Spielfeld angeordnet, dass es zu keinem ungewöhnlichen Schattenwurf auf dem Stadionrasen mehr kommt.

5

Der zweite Innenverteidiger trägt die Rückennummer 5 – bei der WM 2010 war das im deutschen Team Serdar Tasci (VfB Stuttgart).

5 Ein Hattrick (vom englischen »hat trick«) ist ein Dreifachtreffer durch einen Spieler in einem einzigen Spiel – was hat das mit der Zahl 5 zu tun? In nur fünf Minuten erzielte Michael Tönnies am 27. August 1991 im Spiel MSV Duisburg gegen den Karlsruher SC drei Tore, nämlich in der 11., 12. und 16. Spielminute. Im Tor stand ihm damals ein wenig erfreuter Oliver Kahn gegenüber.

5 Erwachsene Fußballer spielen mit einem Fußball der Größe 5 – Umfang 68–70 cm, Masse 410–450 g. Der Nachwuchs in der G-Jugend (also alle Kinder, die unter 7 Jahre alt sind) darf einen Größe-4-Ball mit einem Umfang von 63,5 bis 66 cm und einer Masse von 350 bis 390 g benutzen.

5 Der Fünf-Meter-Raum oder Torraum ist je ein Rechteck vor den Toren eines Fußballfelds. Darin gelten für den Torwart besondere Regeln, aber er genießt auch besonderen Schutz: Kein Angreifer darf ihn dort körperlich attackieren oder anrempeln.

5 Fünf Spieler pro Mannschaft treten bei einer Begegnung im Blindenfußball gegeneinander an. Bei dieser neuen Sportart, die seit dem Sommer 2006 in Deutschland ausgeübt wird, dürfen nur zwei Mitspieler über ein normales Sehvermögen verfügen: die beiden Torhüter. Die Spieler auf dem Feld orientieren sich mithilfe von Helfern hinter dem gegnerischen Tor, die sie durch Zurufe dirigieren, und durch Hilfestellungen und Anweisungen des Trainers vom Spielfeldrand. Zusätzlich ist der Ball innen mit Rasseln bestückt, sodass man ihn auch mit dem Gehör orten kann.

5 Rekordweltmeister ist Brasilien – fünfmal konnte sich das Team aus Südamerika gegen alle Konkurrenten durchsetzen, und zwar in den Jahren 1958, 1962, 1970, 1994 und 2002. Auf Platz zwei liegt Italien mit vier Weltmeisterschaften, gefolgt von Deutschland mit drei Siegen im bedeutendsten Fußballturnier.

6 Ein defensiver Mittelfeldspieler trägt meist die Rückennummer 6 auf dem Trikot. Sami Khedira (Real Madrid) spielte bei der Weltmeisterschaft 2010 auf dieser Position.

6 Die meisten Treffer in einem einzigen Bundesliga-Spiel gelangen Dieter Müller vom 1. FC Köln in einem Spiel gegen Werder Bremen am 17. August 1977. Die Begegnung endete 7:2, wobei auf das Konto von Dieter Müller sechs der sieben Treffer gingen.

6 Einen unangenehmen Rekord hält Manfred Kaltz, der Erfinder der Bananenflanke, der für den Hamburger SV spielte. Er schoss sechs ganz besondere Tore – leider waren es Selbsttore, also Treffer für den Gegner. Der dänische Abwehrspieler Per Röntved reicht fast an ihn heran, er schoss in der Bundesliga fünf Selbsttore. Platz drei in der Liste der Eigentorschützen ist vielfach besetzt – vier Eigentore schafften etliche Abwehrspieler.

6 Beim Hallenfußball stehen nicht elf, sondern maximal sechs Spieler auf dem Platz. Zu einer Mannschaft gehören aber zwölf Spieler, die während des Spiels im fliegenden Wechsel das Spielfeld betreten oder verlassen dürfen. Eine Ankündigung eines Wechsels beim Schiedsrichter oder das Warten auf eine Spielunterbrechung sind also nicht nötig.

6 Bis zu sechs Spieler können laut DFB-Regeln bei einem Turnier der A-Nationalmannschaften während eines Spieles ausgetauscht werden. Allerdings dürfen nur drei Spieler ausgetauscht werden, wenn es sich um einen offiziellen Wettbewerb der FIFA handelt, also zum Beispiel um eine Fußballweltmeisterschaft.

7 Auf dem Trikot des deutschen Außenstürmers Bastian Schweinsteiger (FC Bayern München) stand bei der Weltmeisterschaft 2010 die Nummer 7.

7 Siebenmal stand die deutsche Nationalmannschaft in einem Weltmeisterschaftsfinale – das ist Weltrekord. Bisher hat das deutsche Team dreimal die Weltmeisterschaft errungen und viermal im Finale verloren.

7 Ganz vorn bei den Torschüssen in einem einzigen Bundesliga-Spiel der Frauen liegt Heidi Mohr vom TuS Niederkirchen. Sie traf in der Saison 1993/94 im Spiel gegen den TSV Battenberg siebenmal. Die Partie endete 12:2. Über sechs Treffer in einem einzigen Spiel konnten sich bei den Frauen Inka Grings, Heidi Mohr und Sandra Smisek freuen. Überhaupt fallen bei den Frauen mehr Tore als bei den Männern.

7 Im Regelwerk des Internationalen Fußballverbandes ist festgelegt: Eine Mannschaft muss für die ordnungsgemäße Durchführung eines Spiels mindestens sieben Spieler auf den Platz bringen. Von dieser Regel der FIFA muss nur selten Gebrauch gemacht werden, weil professionelle Fußballmannschaften natürlich immer mit elf Spielern antreten.

8

Ein defensiver Mittelfeldspieler trägt meist die Rückennummer 8 auf dem Trikot – bei der Weltmeisterschaft 2010 war dies in der deutschen Mannschaft Mesut Özil (Real Madrid), der mehrere entscheidende Tore schoss.

8 Gleich acht Platzverweise fing sich der Spieler Jens Nowotny im Laufe seiner Karriere in der Bundesliga ein. Seine Kollegen Sergej Barbarez, Stefan Effenberg und Torsten Kracht brachten es auf »nur« sieben Rauswürfe.

8 Acht Menschen kamen in der brasilianischen Stadt Salvador im nordwestlichen Bundesstaat Bahia am 27. November 2007 beim Einsturz einer reparaturbedürftigen Stadiontribüne ums Leben, etliche weitere erlitten schwere Verletzungen. Manche Fans stürzten kurz nach dem Abpfiff der Begegnung etwa 40 m tief, als die Tribüne unter den feiernden Massen zusammenbrach.

8 Einen großen Skandal gab es, als herauskam, dass der Bielefelder Polizist Stefan Schubert ein Doppelleben führte: Der Polizeiobermeister wurde 1996 von einem Kollegen bei einer Fußballübertragung im Fernsehen als Fußballrowdy erkannt. Acht Jahre lang war er in der Arbeitswoche im Polizeidienst und in seiner Freizeit als Hooligan unterwegs – als Mitglied einer Fangruppe namens »Blue Army Bielefeld«, die sich selbst auch »Ostwestfalenterror« nannte.

8,3 Das schnellste Tor der Europameisterschafts-Geschichte schoss erstaunlicherweise das Team von San Marino. Es fiel 1993 im Qualifikationsspiel gegen England gerade einmal 8,3 Sekunden nach dem Anpfiff. San Marino verlor die Partie trotz dieses Anfangserfolges mit 1:7 Toren.

9 Auf dem Trikot des Stürmers findet man die Rückennummer 9, zum Beispiel auf dem vom brasilianischen dreifachen Weltfußballer des Jahres Ronaldo oder auf dem Rücken von Stefan Kießling (Bayer 04 Leverkusen), der in dieser Position im deutschen Weltmeisterschaftsteam 2010 spielte.

9 Fast ein wenig Streit um die Rückennummer 9 gab es im Sommer 1997 bei Inter Mailand: Der Verein hatte gerade Ronaldo eingekauft und der Brasilianer sollte auch in diesem Team die Neun tragen. Die hatte aber vor ihm schon Iván Luis Zamorano Zamora, der chilenische Stürmer mit dem schönen Spitznamen »Bam Bam«, und der wollte auch nicht darauf verzichten. Doch der Verein wies Zamorano die Nummer 18 zu und Ronaldo übernahm die Nummer 9. Zamorano löste das Problem um seine Lieblingszahl ausgesprochen einfallsreich: Er setzte ein +-Zeichen zwischen die 1 und die 8 der Zahl 18 und stellte so Schiedsrichter und Publikum eine Rechenaufgabe: 1 + 8 = ... 9!

9 Der Strafstoß im Hallenfußball wird vom Neun-Meter-Punkt getreten. Da mit einem ganz gewöhnlichen Fußball gespielt wird, trifft so ein »Elfmeter« den Torwart weitaus härter als draußen auf dem Fußballfeld.

10 Der Spielmacher auf dem Fußballfeld trägt die Rückennummer 10. Sie ist die Rückennummer mit der größten Aufmerksamkeit bei Medien und Fans, denn geniale Fußballer mit der Zehn wie Diego Maradona (Argentinien), Pelé (Brasilien), Ronaldinho (Brasilien), Lothar Matthäus (Deutschland), Günter Netzer (Deutschland), Fritz Walter (Deutschland), Michel Platini (Frankreich), Zinédine Zidane (Frankreich), Giovanni Rivera (Italien) und Ferenc Puskás (Ungarn) haben jeweils in ihrer Zeit Fußballgeschichte geschrieben. Deshalb sind auch die Fußballer unserer Tage stolz, wenn sie die Zehn tragen dürfen, wie zum Beispiel Lukas Podolski (1. FC Köln) im deutschen WM-Team 2010 in Südafrika.

10 Sogenannte Nockenstollenschuhe für den Fußballplatz haben mindestens zehn Nockenstollen aus Gummi und Kunststoff.

10 Im Hallenfußball dauert eine Halbzeit zehn Minuten. Es werden zweimal zehn Minuten gespielt, allerdings nicht im Endspiel eines Hallenfußballturniers. Das dauert länger, sieh mal bei der Zwölf nach ...

10 Zehnmal kam der Fußballweltmeister bisher – bis zur Weltmeisterschaft 2010 – aus Europa: viermal hieß er Italien, dreimal Deutschland und je einmal hatten Spanien, Frankreich und England für vier Jahre die beste Fußballmannschaft der Welt.

11 Auf dem Trikot eines Außenstürmers findet man die Nummer 11. Mit der Elf auf dem Rücken spielte in der deutschen Nationalmannschaft von 2010 Miroslav Klose.

11 Vom Elfmeterpunkt aus werden Strafstöße geschossen, wenn ein angreifender Spieler einen der Verteidiger im Strafraum foult oder auf sonstige Weise gegen die Regeln verstößt, zum Beispiel durch Handspiel. Der Elfmeter wurde 1891 in den Fußball eingeführt.

11 Elf Spieler gehören zu einer Fußballmannschaft. Das ist aber erst seit dem Jahr 1870 so: Damals legte die Football Association (FA) die Zahl der Spieler auf maximal elf pro Mannschaft fest. Vorher waren es schon mal neun oder auch 20 Spieler pro Team.

11 Bei der Weltmeisterschaft 1938 in Frankreich erzielten die Mannschaften von Brasilien und Polen in ihrem Spiel gegeneinander insgesamt elf Tore. Das Spiel endete 6:5 für die Südamerikaner.

11 Elf Tore fielen auch bei der in der Schweiz ausgetragenen Weltmeisterschaft 1954 im Gruppenspiel Ungarn gegen Deutschland; Ungarn siegte mit 8:3, was die deutsche Mannschaft aber nicht daran hinderte, Ungarn im Endspiel 3:2 zu schlagen – was als das »Wunder von Bern« in die Fußballgeschichte einging.

11 Elf Tore fielen bei der Weltmeisterschaft 1982 in Spanien in einem Spiel der ersten Finalrunde: Ungarn besiegte El Salvador 10:1.

11 Die Frauen-Fußballmannschaft Grün-Weiß Brauweiler hat es bisher als einziges Team geschafft, in einer Saison zweimal in Auswärtsspielen zweistellig zu gewinnen. In der Saison 1994/95 schlugen die Frauen aus Brauweiler das Team von Turbine Potsdam mit 11:0 und siegten gegen SG Wattenscheid mit 10:0.

11 Das schnellste Tor in der Geschichte der Bundesliga soll der Brasilianer Giovane Élber de Souza für den FC Bayern München geschossen haben. Am 31. Januar 1998 traf er im Spiel gegen den Hamburger SV schon nach elf Sekunden. Zuvor lag der Bundesliga-Rekord bei einer Sekunde mehr: Dirk Zander hatte am 12. April 1991 im Spiel St. Pauli gegen den Karlsruher SC nach zwölf Sekunden einen Treffer gelandet.

12 Der Ersatztorwart trägt in der Regel die Rückennummer 12 – im deutschen WM-Team 2010 war dies Tim Wiese (Werder Bremen). Einige Vereine vergeben die Rückennummer 12 aber auch gar nicht mehr, denn als zwölfter Mann auf dem Platz gelten die Fans des Vereins!

12 Volle zwölf Tore fielen im Jahr 1954 im Weltmeisterschaftsspiel im Viertelfinale zwischen Österreich und der Schweiz. Nachdem das Schweizer Team zunächst mit 0:3 geführt hatte, gewann Österreich dennoch mit 7:5.

12 Der höchste Zu-null-Sieg der Bundesliga-Geschichte dürfte das 12:0 im Spiel Borussia Mönchengladbach gegen Borussia Dortmund am 29. April 1978 gewesen sein. Borussia Mönchengladbach schien damit zunächst seinen Meistertitel verteidigen zu können, wurde aber zu guter Letzt doch noch von der Spitze verdrängt. Das lag am 1. FC Köln, der im Spiel gegen St. Pauli mit 5:0 siegte und dadurch mit drei Toren Vorsprung Deutscher Meister wurde.

12 Etwa 12–14 km legt ein Feldspieler insgesamt während einer Partie zurück, davon etwa die Hälfte im Schritttempo, ein Drittel im langsamen Lauf und nur kurze Strecken in schnellem Lauf.

12 Torpfosten und Querlatte dürfen höchstens einen Durchmesser von 12 cm haben und müssen gleich geformt sein – so legen es die Regeln der FIFA fest.

12 Zwölf Minuten dauert eine Halbzeit in einem Finalspiel in einem Hallenfußballturnier. In einem gewöhnlichen Spiel ist eine Halbzeit nur jeweils zehn Minuten lang.

12 Zwölf Spieler gehören zu einer Hallenfußballmannschaft. Allerdings dürfen nur jeweils sechs Spieler einer Mannschaft – der Torwart und fünf Feldspieler – auf dem Spielfeld sein. Anders als beim Feldfußball können die Spieler aber während des Spiels im fliegenden Wechsel das Spielfeld betreten oder verlassen, ohne dass der Schiedsrichter dies für das Spielprotokoll festhalten müsste.

12 Zwölf Maskottchen – das sind besondere Glücksbringer – haben die letzten Weltmeisterschaften begleitet. Alles begann in England 1966 mit Maskottchen Nr. 1, dem englischen Löwen namens »World Cup Willie« im Union-Jack-Trikot (Union Jack wird die Flagge von Großbritannien genannt). In Mexiko löste ihn 1970 Maskottchen Nr. 2 ab, »Juanito«, ein Junge mit etwas zu kurzem T-Shirt und Sombrero. Bei der Weltmeisterschaft in Deutschland 1974 traten »Tip und Tap«, zwei Jungen im schwarz-weißen Trikot, gemeinsam als Maskottchen Nr. 3 für die Sache des Fußballs an. Auch Nr. 4, »Gauchito«, der kleine Gaucho mit Halstuch und Peitsche, trug 1978 in Argentinien das Nationaltrikot, dort in den Farben Blau-Weiß. Als die Weltmeisterschaft 1982 in Spanien stattfand, waren die Fußballfans über Maskottchen Nr. 5 ein wenig verwundert: »Naranjito« war eine lachende Orange im Fußballer-Dress. Die Mexikaner wählten für die Weltmeisterschaft 1986 in ihrem Land ein Maskottchen aus dem Reich des Gemüses: »Pique«, eine Chili-Schote mit Sombrero, ging als Nr. 6 in die Fußballgeschichte ein. Nicht sehr persönlich wirkte Maskottchen Nr. 7 bei der WM 1990 in Italien: »Ciao« war eine eher abstrakte Figur aus Klötzchen in den italienischen Nationalfarben mit einem Fußballkopf obendrauf. Als die Weltmeisterschaft 1994 in den USA stattfand, wählten die US-Fußballfans den lustigen Hund »Striker« als Maskottchen Nr. 8. Er trug ein Trikot in den Farben der amerikanischen Flagge. Weil der gallische Hahn für Frankreich als nationales Symbol gilt, wurde »Footix«, eine Comic-Version seiner Art, zu Maskottchen Nr. 9. Gleich drei bunte, computeranimierte Wesen standen als Maskottchen Nr. 10 für die Weltmeisterschaft in Korea und Japan 2002: »Ato, Kaz und Nik« in den Farben Orange, Violett und Blau sahen ein bisschen aus wie Außerirdische und wurden »Spheriks« genannt. Auch Maskottchen Nr. 11 kam gleich im Doppelpack: Bei der Weltmeisterschaft 2006 in Deutschland sorgten ein Löwe ohne Hose namens »Goleo VI« und »Pille«, ein lachender Fußball, ein wenig für Erstaunen. Maskottchen Nr. 12 der Weltmeisterschaft 2010 in Südafrika war »Zakumi«, ein Leopard mit Hose. Sein Name setzt sich aus den Silben »ZA«, dem internationalen Kraftfahrzeug-Kennzeichen für Südafrika, und »kumi« zusammen, was in vielen afrikanischen Sprachen »zehn« bedeutet. Bleibt abzuwarten, wie Maskottchen Nr. 13 für die WM 2014 in Brasilien aussehen wird. Das Maskottchen für die Frauen-Weltmeisterschaft 2011 war, wie ihr sicher wisst, die Katze »Karla Kick«.

12 Er ist der Rekordtrainer: Luiz Felipe Scolari hat als Trainer zwölf Weltmeisterschaftsspiele hintereinander gewonnen, und zwar siebenmal als Coach von Brasilien und fünfmal mit der portugiesischen Nationalmannschaft.

13 Die Rückennummer 13 – für manche eine Glücks-, für andere eine Unglückszahl – trug Thomas Müller (FC Bayern München) bei seinem Einsatz in der deutschen Nationalmannschaft während der WM 2010 auf dem Trikot.

13 Am 11. April 2001 traf der australische Fußballer Archie Thompson in seinem dritten Länderspiel gleich 13-mal das Tor der gegnerischen Mannschaft von Amerikanisch-Samoa. Das war Weltrekord! Allerdings nur bis zum 7. Mai 2007 – schau mal unter der Zahl 16 nach!

13 An der ersten FIFA-Fußballweltmeisterschaft im Jahr 1930 in Uruguay nahmen 13 Mannschaften teil, in alphabetischer Reihenfolge: Argentinien, Belgien, Bolivien, Brasilien, Chile, Frankreich, Jugoslawien, Mexiko, Paraguay, Peru, Rumänien, Uruguay und die Vereinigten Staaten von Amerika. Eine Mannschaft aus Deutschland war nicht vertreten, die Reise nach Südamerika war den Verantwortlichen zu aufwendig – drei Wochen Schiffsfahrt – und zu teuer. Weltmeister wurde übrigens das Gastgeberland Uruguay.

13 Vielen Menschen gilt die 13 als Unglückszahl, und dennoch tragen Fußballer sie mit Stolz auf ihrem Trikot. Berühmt wurde sie als Rückennummer von Max Morlock beim legendären WM-Sieg 1954 in Bern. 1970 zierte sie das Trikot von »Bomber« Gerd Müller bei der Weltmeisterschaft in Mexiko. 1982 war Uwe Reinders der Mann mit der 13, und 1990 löste ihn Karl-Heinz Riedle ab, dem wiederum 1994 Rudi Völler folgte. Auch Michael Ballack lief schon mit der 13 auf den Platz, und heute trägt sie der Torschützenkönig der WM 2010, Thomas Müller.

13 Eines der höchsten Ergebnisse der neueren Fußballgeschichte erzielte die deutsche Nationalmannschaft in der EM-Qualifikation: Im September 2006 schlug Deutschland die Mannschaft von San Marino mit 13:0 Toren. Besonders stolz dürften die Deutschen allerdings auf diesen Sieg nicht sein, denn das Nationalteam von San Marino hat in seiner ganzen Geschichte nur ein einziges Mal gesiegt – in einem Freundschaftsspiel gegen Liechtenstein.

13 Das höchste Ergebnis der deutschen Frauen-Nationalmannschaft war ein Sieg über Portugal am 13. November 2003 während der Qualifikationsspiele zur Europameisterschaft in Reutlingen. Die gegnerische Mannschaft war chancenlos – 13:0.

13 Zarte 13 Jahre und 310 Tage alt soll Souleymane Mamam gewesen sein, als er für sein Heimatland Togo im WM-Qualifikationsspiel gegen Sambia antrat. Allerdings gibt es Zweifel über sein tatsächliches Alter – andere Quellen behaupten, er sei schon 16 Jahre alt gewesen. Heute spielt er in Belgien Fußball.

13 Mit nur 13 Jahren verließ der 1987 geborene Lionel Messi seine Heimat Argentinien, um sich beim FC Barcelona in Spanien zum Profifußballer ausbilden zu lassen. Er hatte Erfolg und gilt als ein Fußballgenie: In den Jahren 2009 und 2010 wurde er zum Weltfußballer des Jahres gewählt – und das im Alter von nur 22 bzw. 23 Jahren.

14 Der legendäre niederländische Spieler Johan Cruyff spielte seit dem 30. Oktober 1970 stets mit der Rückennummer 14 auf seinem Trikot. Sein Verein Ajax Amsterdam machte ihm zu seinem 60. Geburtstag ein ganz besonderes Geschenk: Nun gehört ihm die Rückennummer 14, denn sie wird von Ajax nicht mehr vergeben. In der deutschen Weltmeisterschaftsmannschaft 2010 prangte sie auf dem Rücken von Holger Badstuber (FC Bayern München).

15 Im deutschen WM-Kader 2010 trat der dribblingstarke und für seine Fernschüsse berühmte Piotr Trochowski vom Hamburger SV mit der Rückennummer 15 an.

15 Es war der Türke Hakan Sükür, der das schnellste Weltmeisterschaftstor aller Zeiten erzielte: Im kleinen Finale beim Kampf um Platz 3 bei der WM 2002 in Südkorea landete der Ball schon nach 15 Sekunden im Tor der Gastgebermannschaft.

15 In den ersten schriftlich niedergelegten Fußballregeln von Studenten der Universität Cambridge aus dem Jahr 1848 ist festgelegt, dass eine Fußballmannschaft aus 15–20 Spielern bestehen kann ...

15 Es war der Brasilianer Ronaldo, der bei Weltmeisterschaften die meisten Tore schoss: Insgesamt 15-mal traf er. Auf Platz 2 der Statistik liegen gemeinsam Miroslav Klose und Gerd Müller mit je 14 Treffern, auf Platz 4 folgt der Franzose Just Fontaine mit 13 WM-Toren.

15 Die längste Siegesserie in der Bundesliga über ein Saisonende hinaus gelang – na, wem schon? – dem FC Bayern München! Vom 19. März bis zum 20. September 2005 blieben die Bayern ungeschlagen – also insgesamt 15 Spiele lang.

16

Im deutschen WM-Nationalteam 2010 gehörte die Nummer 16 zu Philipp Lahm (FC Bayern München), der den verletzten Michael Ballack als Kapitän vertrat.

16 Eine traurige Geschichte ist mit der Rückennummer 16 verbunden: Beim FC Sevilla erlitt der Verteidiger Antonio Puerta am 28. August 2007 auf dem Spielfeld einen Herz-Kreislauf-Stillstand und starb kurz darauf im Krankenhaus. Als Erinnerung an den beliebten Fußballer vergibt Sevilla die Nummer 16 nicht mehr – außer Puertas Sohn tritt später einmal als Profispieler an.

16 Das Tor umgibt beim Fußball der 16-Meter-Raum, der auch Strafraum genannt wird. Darin gelten besondere Regeln. Genau 16 m misst er allerdings in der Tiefe nicht, sondern 16,50 m. Er soll 40,32 m breit sein, eine Breite, die sich aus drei Maßen zusammensetzt: die Breite des Tores mit 7,32 m plus 2 × 16,50 m für den Abstand der senkrechten Linie jeweils von der Innenkante des Torpfostens

nach links und rechts. Für den Torwart stellt der Strafraum eine besondere Zone dar: Er darf den Ball mit den Händen berühren, es sei denn, ein Spieler der eigenen Mannschaft hätte ihn mit dem Fuß zurückgeschossen. Das verbietet die sogenannte Rückpassregel; transportiert der eigene Spieler den Ball aber per Kopf, Brust oder Knie zum Torwart, darf dieser mit den Händen zupacken. Fußball kann also doch ganz schön kompliziert sein! Regelverstöße, also Fouls der verteidigenden Mannschaft im 16-Meter-Raum, können mit einem Strafstoß, auch Elfmeter genannt, für die Angreifer geahndet werden. Die verteidigende Mannschaft genießt aber auch einen besonderen Schutz im Strafraum: Beim Abstoß durch den Torwart oder bei einem Freistoß für das verteidigende Team darf kein Gegner den Strafraum betreten.

16 Es war zwar nicht in der Bundesliga, aber immerhin: Ganze 16 Tore erzielte ein Spieler namens Panagiotis Pontikos im Spiel Olympos Xylofagou gegen SEK Ayios Athanasios am 7. Mai 2007, und zwar in der 3., 20., 33., 35., 47., 50., 55., 56., 58., 61., 68., 75., 76., 83., 86. und 87. Minute. Die Partie endete 24:3.

16 Eines der höchsten Spielergebnisse einer deutschen Mannschaft stammt aus der frühen Fußballgeschichte: Am 1. August 1912 gewann das Team des Deutschen Kaiserreichs bei den Olympischen Spielen gegen die russische Nationalmannschaft in Stockholm mit dem beachtlichen Ergebnis 16:0. Dem Kaiser dürfte es gefallen haben, wenn er zu den frühen Fußballfans gezählt hat.

16 Gleich 16-mal zur Karte greifen mussten zwei Schiedsrichter in den folgenden Partien: Während der Weltmeisterschaft 2002 zeigte der Schiedsrichter vierzehn Gelbe und zwei Gelb-Rote Karten. Und während der WM 2006 hatten sich Portugal und die Niederlande so in den Haaren, dass der Schiedsrichter die beiden aufgebrachten Mannschaften nur mit zwölf Gelben und vier Gelb-Roten Karten bändigen konnte.

17 Wenn Cristiano Ronaldo für das portugiesische Nationalteam spielt, trägt er die Rückennummer 17. Im deutschen Nationalteam 2010 war Per Mertesacker (Werder Bremen) der Mann mit der 17, der in jedem einzelnen Spiel volle 90 Minuten im Einsatz war.

17 Brasilien ist das Land, das am häufigsten an der Fußballweltmeisterschaft teilgenommen hat. Insgesamt 17-mal – bei allen bisher veranstalteten Wettbewerben – war die südamerikanische Mannschaft dabei. Fünfmal konnte sie den Titel für sich erringen.

17 Eine der verheerendsten Niederlagen im Frauenfußball musste der FSV Frankfurt hinnehmen. Im Lokalderby der Saison 2005/06 gegen den 1. FFC Frankfurt unterlag das Team 17:0.

17 Der bisher jüngste Teilnehmer bei einer Fußballweltmeisterschaft soll der Nordire Norman Whiteside gewesen sein. Er war mit nur 17 Jahren bei der Weltmeisterschaft 1982 in Spanien dabei.

17 Mit 17 Jahren schoss der Brasilianer Pelé bei der Fußballweltmeisterschaft 1958 in Schweden ein Tor – was ihn zum jüngsten Torschützen bei einer WM machte. Da Brasilien die Weltmeisterschaft gewann, wurde Pelé zudem zum jüngsten Fußballweltmeister.

17 Einen nicht sehr erstrebenswerten Rekord errang der Spieler Rigobert Song aus Kamerun bei der Weltmeisterschaft 1994 in den USA: Er war mit seinen damals 17 Jahren der bisher jüngste Spieler, der bei einer Fußballweltmeisterschaft vom Platz gestellt wurde.

18

Der 1990 geborene Toni Kroos (FC Bayern München) war der jüngste Spieler im deutschen WM-Team 2010 und trug die Rückennummer 18.

18 Eine Zeit lang war in den 90er-Jahren des 20. Jahrhunderts die Rückennummer 18 bei Stürmern sehr beliebt, weil sie wohl signalisieren sollte: Ich trage nicht die Neun wie die anderen Stürmer, sondern die 18, weil ich doppelt so gut bin. Jürgen Klinsmann war vielleicht so ein »Doppelstürmer«, denn er trug die 18 auf dem Trikot der Nationalelf und auch bei den anderen Mannschaften, für die er spielte.

19 Cacau (VfB Stuttgart), der Spieler mit der Trikotnummer 19 im deutschen WM-Kader 2010, heißt mit vollem bürgerlichen Namen Claudemir Jeronimo Barreto.

19 Im spanischen Fußball geht es offenbar ganz schön heißblütig her, und das sogar bei den Amateuren: Gleich 19-mal musste Schiedsrichter Jose Manuel Barro Escandon in der Partie Recreativo Linense gegen Saladilo Algesiras die Rote Karte zücken – nach einer Massenschlägerei, die zum Spielabbruch führte.

20 Im Weltmeisterschaftsteam 2010 war Jérôme Boateng (Manchester United) mit der Rückennummer 20 fünfmal für Deutschland im Einsatz.

20 Im Hallenfußball soll das Spielfeld nach der DIN-Norm 20 m breit und 40 m lang sein. Auch wenn das Spielfeld kleiner ist: Es wird mit einem ganz normalen Fußball gespielt.

21 Marko Marin (Werder Bremen) kam mit der Rückennummer 21 bei der Weltmeisterschaft 2010 zweimal für Deutschland zum Einsatz.

21 Das zweithöchste Ergebnis in einem Fußballspiel der Frauen war der Sieg von China gegen die Philippinen während der Asienmeisterschaft am 4. September 1995. Die Partie endete 21:0.

22 Der Mann mit der Trikotnummer 22, Torwart Jörg Butt (FC Bayern München), kam bei der Weltmeisterschaft 2010 in Südafrika nur in einem einzigen Spiel zum Einsatz, und zwar im kleinen Finale gegen Uruguay, in dem das deutsche Team mit 3:2 siegte.

22 Der FC Bayern München ist Bundesliga-Rekordmeister: Bis zum Jahr 2010 konnten die Bayern 22-mal den Meistertitel der Bundesliga für sich gewinnen. Damit liegen sie weit vor den abgeschlagenen Verfolgern: Borussia Mönchengladbach (fünf Meistertitel), Werder Bremen (vier Meistertitel) sowie Borussia Dortmund und Hamburger SV (je drei Meistertitel).

22 In der Saison 2010 schoss Edin Džeko für den VfL Wolfsburg 22 Tore und wurde damit zum Torschützenkönig.

22 Bei einer Stadiontragödie in Afrika am 3. März 2009 kamen 22 Menschen ums Leben, als sich noch vor dem Anpfiff eines WM-Qualifikationsspiels zwischen Elfenbeinküste und Malawi Tausende Zuschauer ohne Eintrittskarten in das völlig überfüllte Stadion in Abidjan drängten.

22 Für besondere Begeisterung in jeder Eckkneipe würde das Tischfußballgerät sorgen, das die französische Designerin Chloé Ruchon entworfen hat. Auf den acht Stangen des ganz in Rosa gehaltenen Kickertischs sind 22 wohlgeformte Barbie-Puppen im Fußballdress montiert. Der Tisch wird wie viele Kunstobjekte nur in einer limitierten Stückzahl gebaut. Die Preisangaben schwanken zwischen 8000 und 18 000 Euro.

23

Die Rückennummer 23 trägt David Beckham als eine Art Markenzeichen. Er wählte diese Zahl, weil sie das Trikot des amerikanischen Basketballspielers Michael Jordan schmückte, der Beckhams Vorbild ist. In der deutschen Nationalmannschaft von 2010 spielte Mario Gómez (FC Bayern München) mit der 23 auf dem Rücken.

24 Nicht unbedingt als Spieler für die Bundesliga eignet sich der Ukrainer Nikolai Kutsenko mit seinem Können, aber sein Rekord im Fußballjonglieren ist schon beeindruckend: 1995 schaffte er es, den Ball mit Kopf und Füßen 24 Stunden und 30 Minuten in der Luft zu halten. Nicht ein einziges Mal berührte die »Pille« in dieser Zeit den Boden.

24 Ein Hallenfußballturnier endet mit einem Finale, das 2 x 12 Minuten, also 24 Minuten dauert. Ein gewöhnliches Spiel im Hallenfußball läuft über 2 x 10 Minuten, also 20 Minuten.

24 Bei den Südpazifik-Spielen endete am 24. August 1979 das Match Fidschi gegen Kiribati mit dem stolzen Ergebnis von 24:0 Toren.

24 Das höchste je von einer Frauenmannschaft in einem offiziellen Spiel erzielte Ergebnis konnte am 6. Dezember 2001 Nordkorea gegen Singapur erringen. Die Nordkoreanerinnen siegten bei der Asienmeisterschaft in Taipeh mit 24:0 Toren.

25 25 Siege in einer einzigen Saison – 1972/73 – konnte der Rekordmeister FC Bayern München nach Hause bringen – eine absolute Spitzenleistung!

25 Mit einem Verzweiflungsschuss aus 25 m Entfernung rettete Hans-Georg Schwarzenbeck, genannt »Katsche«, am 15. Mai 1974 seinen Verein FC Bayern München im Europapokal der Landesmeister 1973/74: Durch seinen Treffer in der 120. Minute erreichte er den 1:1-Ausgleich gegen Atlético Madrid. Durch dieses Tor wurde ein Wiederholungsspiel nötig, das die Bayern zwei Tage später gewannen: Uli Hoeneß und Gerd Müller trafen je zweimal für einen Endstand von 4:0.

25 Zwar hat der normale Tag für gewöhnliche Menschen nur 24 Stunden, aber Christoph Daum, im Jahr 1991 Trainer des VfB Stuttgart, wollte Großes für seinen Verein erreichen: »Wir kommen noch in den UEFA-Cup! Dafür arbeite ich 25 Stunden am Tag!« Er hat sein Ziel übrigens erreicht.

26

Der menschliche Fuß, der ja beim Fußballspielen ziemlich unentbehrlich ist, hat 26 Knochen. Die Teile des Skeletts im Einzelnen: Die Fußwurzel (Tarsus) besteht aus sieben Knochen, nämlich dem Sprungbein (Talus), dem Fersenbein (Calcaneus), dem Kahnbein (Os naviculare), dem Würfelbein (Os cuboideum) und den drei Keilbeinen (Os cuneiforme mediale, intermedium und laterale). Medizinstudenten benutzen einen Merksatz, um sich diese Knochen einzuprägen: »Das Sprungbein und das Fersenbein, die wollten in den Kahn hinein und kriegten dreimal Keile vom Würfelbein.« Des Weiteren gibt es fünf Mittelfußknochen (Ossa metatarsi, durchnummeriert von I bis V) und zwei Sesambeine (Ossa sesamoidea) im Mittelfuß-Zehen-Gelenk des Großzehs. Die großen Zehen bestehen nur aus zwei Knochen, alle anderen Zehen aus jeweils drei Knochen (Phalanx proximalis, Phalanx media und Phalanx distalis).

27

27 Tore waren in der Bundesliga-Saison 2009/10 gar keine. So oft wurden Treffer als Tore gegeben, die man in einer nachträglichen Auswertung des Videomaterials nicht als Tor anerkennen würde. Schiedsrichter irren, haben aber dennoch das Sagen auf dem Platz. Ihre Entscheidung gilt, auch wenn sie damit einmal falschliegen.

27 Etwa 27 Besucher hat die Internetseite vom FC Bayern München in jeder einzelnen Sekunde. Das bedeutet 70 Millionen Klicks im Monat!

28 Wie lange lässt ein Schiedsrichter wohl nachspielen, wenn ein Fußballspiel durch Fouls oder Verletzungen unterbrochen wurde? Zwei Minuten, drei Minuten, auch schon mal vier Minuten ...? Die längste Nachspielzeit in einem offiziellen Match gab es im Bezirksliga-Spiel zwischen Dostlukspor Bottrop und dem BW Wesel: Der Schiedsrichter ließ 28 Minuten nachspielen. Da fragt man sich doch, wie das reguläre Spiel vorher abgelaufen sein könnte. Vielleicht hat die Heimmannschaft das gegnerische Team und den Unparteiischen zwischendurch zum Picknick eingeladen? Wesel siegte jedenfalls 4:2.

28 28 Niederlagen musste das erfolgloseste Bundesliga-Team der Geschichte, Tasmania Berlin, 1965/66 in einer einzigen Saison einstecken. Dem standen nur zwei Siege gegenüber – was Abstieg in die Zweite Bundesliga hieß.

28 Torschützenkönigin in der Frauen-Bundesliga wurde im Jahr 2010 Inka Grings für den FCR 2001 Duisburg mit insgesamt 28 Treffern.

30 Es ist erstaunlich, was in den DFB-Fußballregeln alles festgelegt ist, wie etwa diese Bestimmung: Wenn bei einem Flutlichtspiel die Beleuchtung ausfällt, darf das Spiel frühestens nach 30 Minuten abgebrochen werden. Gelingt es in dieser Zeit, den Schaden zu reparieren, wird weitergespielt. Ist eine Reparatur nur zum Teil möglich und es beleuchten nur einige der Strahler das Spielfeld, so entscheidet der Schiedsrichter, ob weitergespielt werden kann. Was bei anderen Schäden geschieht, zum Beispiel wenn während des Spiels ein Tor umfällt, kannst du bei der Zahl 76 nachlesen.

30 Den zweithöchsten Sieg in der Geschichte des offiziellen Fußballs errangen am 2. September 1971 die Spieler von Tahiti im Match gegen die Cook-Inseln bei den Südpazifik-Spielen – Endstand 30:0. Dieses Ergebnis blieb 30 Jahre lang Weltrekord, bis ...

31 ... Australien es noch besser machte: Das höchste Spielergebnis in der WM-Qualifikation und überhaupt in einem Länderspiel erzielten am 11. April 2001 die Spieler der australischen Nationalmannschaft gegen Amerikanisch-Samoa. Die Partie endete 31:0. Das Spiel dürfte weniger ein Zweikampf als vielmehr ein Schützenfest gewesen sein.

33 Kein Rechengenie scheint der Fußballer Maik Franz zu sein, der bis 2006 beim VfL Wolfsburg spielte und dort die Rückennummer 33 trug. Als er danach gefragt wurde, weshalb er diese Zahl gewählt habe, antwortete er: »Drei mal drei ist sechs. Eigentlich wollte ich die Nummer 6 haben, aber die war schon besetzt.« Oder war seine Antwort nur ein Test für die mathematische Begabung des Journalisten, der die Frage stellte?

34

34 zuvor nicht entdeckte Bomben aus dem Zweiten Weltkrieg wurden entschärft, als das Dortmunder Westfalenstadion gebaut werden sollte und die Erdarbeiten dafür durchgeführt wurden.

34 Nicht immer führt ein Elfmeterschießen zu einer Spielentscheidung: Im Jahr 2001 musste ein Spiel zwischen zwei Amateurmannschaften, Storthes Hall und Littletown, abgebrochen werden, nachdem auch 34 geschossene Elfmeter keine Entscheidung gebracht hatten. Es war einfach zu dunkel, um weiterzuspielen.

35

Unglaubliche 35 Stunden lang kickten zwei Vereine in einem Wohltätigkeitsspiel: Die beiden englischen Vereine Cotswold All Stars und Cambray FC traten im längsten Fußballspiel der Geschichte gegeneinander an. Sie erzielten mehr als 600 Tore für die gute Sache, und dabei ist es eigentlich völlig unwichtig, dass die Cotswold All Stars mit 333:293 siegten.

36

Kaum zu glauben: Über volle 36 Spiele blieb der Hamburger SV ungeschlagen – das hat ihm bisher keine andere Bundesliga-Mannschaft nachgemacht, nicht einmal der FC Bayern München. Vom 30. Januar 1982 bis zum 22. Januar 1983 siegten die Rothosen oder spielten wenigstens unentschieden.

36 Es gab sie zwar nur in der argentinischen Fünften Liga, aber 36 Rote Karten sind schon ein Ereignis: Im Spiel zwischen CA Claypole und Victoriano Arenas Anfang März 2011 verlor der Schiedsrichter Damien Rubino völlig die Kontrolle über Spieler, Trainer, Betreuer und Fans und es kam zu wildem Gerangel und Schlägereien. Die Folge: Spielabbruch. Nachträglich wurden alle Spieler, Ersatzspieler und Trainer mit Rot bestraft. Manche meinen, eigentlich hätte nur einer die Rote Karte verdient gehabt.

38 Die bisher meisten Tore der Frauen-Bundesliga in einer einzigen Saison, nämlich 38, schoss Inka Grings (FCR 2001 Duisburg) in den Jahren 1999/2000.

39 Einer der ältesten Nationalspieler der Welt und der älteste deutsche Fußballer im Nationalteam war Lothar Matthäus. Er trat noch mit 39 Jahren für die Nationalmannschaft an.

40 Die meisten Tore in einer Saison, nämlich 40, schaffte im Jahr 1971/72 Gerd Müller für seinen Verein FC Bayern München – das ist bis heute Bundesliga-Rekord.

40 Manches Spiel endet nach der regulären Spielzeit unentschieden und muss durch Elfmeterschießen entschieden werden. So auch im Jahr 2005 die Partie zwischen den englischen Vereinen Tunbridge Wells und Littlehampton Town, die nach 90 Minuten 2:2 stand. Es dauerte 190 Minuten und volle 40 Elfmeterschüsse, bis Tunbridge das Spiel mit 16:15 für sich entscheiden konnte. 122 Zuschauer sahen das erstaunliche Fußballereignis. Vermutlich noch länger dauerte im Jahr 1975 das Spiel zwischen den beiden argentinischen Vereinen Argentinos Juniors und Racing Club Avellaneda, das nach 44 Strafstößen mit 20:19 endete.

42 Der englische Spieler Stanley Matthews trat zu seiner letzten offiziellen Partie für die englische Nationalmannschaft mit 42 Jahren an – was aber noch lange nicht sein letztes Fußballspiel war, wie du gleich bei der 50 sehen wirst. Ebenso alt war Roger Milla, als er bei der Weltmeisterschaft 1994 für Kamerun spielte und auch noch ein Tor schoss.

43 Klaus »Tanne« Fichtel war der bisher älteste aktive Spieler in der Bundesliga – noch mit 43 Jahren und sechs Monaten stand er für seine Mannschaft, den FC Schalke 04, auf dem Platz.

44 Alles andere als eine alltägliche Rückennummer ist die 44, die Bayerns Mittelfeldspieler Anatolij Tymoschtschuk schon bei seinem Vorgängerclub Zenit St. Petersburg auf dem Rücken trug. Es ist wohl seine Glückszahl.

44 Mit nur 44 Sekunden Abstand versenkte Werder Bremens portugiesischer Spieler Hugo Almeida am 22. September 2007 den Ball zweimal im Tor der gegnerischen Stuttgarter Mannschaft. Er stellte damit einen Bundesliga-Rekord auf.

45 Ein Fußballfeld muss zwischen mindestens 45 m und höchstens 90 m breit sein. Für internationale Begegnungen gibt es eine festgelegte Größe, die du bei der 68 findest.

45 45 Minuten dauert eine Halbzeit bei einem Fußballspiel, wenn nicht wegen Spielunterbrechungen nachgespielt wird.

46 In der Bundesliga-Saison 1978/79 fiel einiges ins Wasser: 46 Spiele mussten wegen schlechten Wetters abgesagt werden.

48 Nur 48 Sekunden brauchte der Bochumer Spieler Mimoun Azaouagh für den schnellsten Weitschuss-Doppeltreffer der Bundesliga 2009. Gleich zweimal schoss er den Ball aus 20 Metern Entfernung ins gegnerische Tor.

48 Um den Titel »Längster Name eines Fußballers« muss sich der Brasilianer Sócrates Brasileiro Sampaio de Souza Vieira de Oliveira nicht erst bewerben, dessen Leistungen als Mittelfeldspieler im brasilianischen Nationalteam legendär sind. Bisher konnte kein anderer Spieler in einer Weltmeisterschaft mehr als 48 Buchstaben in seinem Namen vorweisen – Rekord für Sócrates, wie er üblicherweise kurz genannt wird.

50 Es wird behauptet, dass der tschechische Stürmer Jan Koller Fußballschuhe der Größe 50 braucht. Die Angaben schwanken allerdings zwischen Größe 48 und 50.

50 50 Jahre alt war der englische Fußballer Stanley Matthews, als er am 6. Februar 1965 sein letztes Spiel für seine Mannschaft Stoke City gegen den FC Fulham bestritt. Er wurde für seine Leistungen um den englischen Fußball in seiner 35 Jahre dauernden Karriere von Königin Elisabeth II. zum Ritter geschlagen und durfte sich dann Sir Stanley Matthews nennen.

55 Kaum zu glauben, aber ein Fußballspiel dauert nicht wirklich 90 Minuten, sondern nur ungefähr 55. Diese aktive Spielzeit ergibt sich, wenn man alle Unterbrechungen abzieht und nur die Zeiten addiert, in denen der Ball tatsächlich rollt. Sportwissenschaftler der Universität Augsburg haben dies während der WM-Endrunde 2006 herausgefunden.

60 So viele Elfmeter schoss in seiner Bundesliga-Karriere Manfred Kaltz. Er landete dabei 53 Treffer, nur siebenmal wurde aus dem Elfer kein Tor.

67 Der Weltrekord im Fußballweitschuss, errungen von Tino Molowitz, Spieler beim westfälischen Verein Davaria Davensberg, lag 2006 bei 67,10 m. Erzielt wurde er bei der Ersten Weitschuss-WM in Münster/Westfalen. Bei dieser Variante des Fußballsports kommt es nicht darauf an, ein Tor zu schießen, sondern den Ball einfach möglichst weit wegzudreschen.

68 Er lebt auf großem Fuß, Kristof van Hout, der Torwart von Standard Lüttich in Belgien. Seine Schuhe sind sicherlich Sonderanfertigungen in der unglaublichen Größe 68. Besonders witzige Fans meinen, darin könnten kleinere Kinder mühelos Kanu fahren.

68 Der Weltfußballverband FIFA hat festgelegt, wie groß ein Spielfeld für internationale Begegnungen sein muss: Nach der FIFA-Norm ist es 68 m breit und 105 m lang.

68 Ein offizieller Fußball des Weltfußballverbandes (FIFA) muss einen Umfang haben, der mindestens 68 cm und höchstens 70 cm beträgt.

69 Noch eine recht ungewöhnliche Trikotnummer: Der französische Fußballer Bixente Lizarazu aus dem Baskenland spielte beim FC Bayern München zuerst unter der Rückennummer 3, später wählte er die nicht gerade alltägliche Zahl 69. Warum? Er ist im Jahr 1969 geboren, 1,69 m groß und wog, damals jedenfalls, 69 kg.

70 Einer der gefährlichsten Torwarte der Welt traf gleich 62-mal für die Vereine, in denen er spielte: José Luis Chilavert, der Nationaltorhüter von Paraguay, schoss 62 Tore in der Liga. Hinzu kommen immerhin acht Treffer für das Nationalteam – macht 70!

71 Der älteste Trainer bei einer Weltmeisterschaft war bisher der Deutsche Otto Rehhagel. Noch mit 71 Jahren führte er das Nationalteam von Griechenland bei der Weltmeisterschaft 2010. Im Jahr 2004 war der Außenseiter Griechenland unter der Führung von Rehhagel zum Europameister geworden, was Otto Rehhagel den Ehrentitel (oder Spitznamen, ganz wie man es sehen will) »Rehakles« einbrachte, abgeleitet vom Namen des griechischen Helden Herakles.

75 Schlaue Köpfe haben ausgerechnet, dass der Torwart im besten Fall mit seinem Körper und seinen Armen 25 % der Fläche des Tores abdecken kann. Sie folgern daraus, dass beim Elfmeterschießen 75 % der Schüsse, also 75 von 100, Treffer sein müssen. In der Realität stimmt diese Prozentangabe für die Bundesliga ziemlich genau. Tatsächlich werden drei von vier Elfmeterschüssen ein Tor. In der Amateurliga geht mehr daneben und die 75 % werden nicht erreicht. Bei Weltmeisterschaftsspielen übertreffen die Schützen die Statistik und sich selbst und landen 80 % Treffer beim Elfmeterschießen. Übrigens liegt die Trefferquote für Elfmeter während eines Spiels deutlich höher als die für Strafstöße beim Elfmeterschießen nach einem Spiel. Weil es dann um den Sieg geht, ist der Stress für die Torschützen erheblich höher.

76 Beim »Torfall von Madrid« am 1. April 1998 war das Spiel zwischen Real Madrid und Borussia Dortmund volle 76 Minuten lang unterbrochen, weil ein Tor umgefallen war und schneller nicht repariert werden konnte. Die Reporter Günther Jauch und Marcel Reif kommentierten das ungewöhnliche Ereignis mit dem schönen Satz: »Das erste Tor ist gefallen!«

77 Was hat eine Rockband mit der Rückennummer eines Fußballers zu tun? Die Band »Room 77« gründete der Fußballspieler Andreas Görlitz mit seinem Bruder Markus 2006 in einer Verletzungspause. 2009 veröffentlichte die Band sogar ein Album, dessen Erlös zum Teil an ein SOS-Kinderdorf geht. In Anlehnung an den Bandnamen spielte Görlitz 2007–2009 beim Karlsruher SC mit der Nummer 77 auf seinem Trikot.

80 Erstaunlich schwer wird ein Fußball durch die Beschleunigung, wenn er bei einem Elfmeter scharf auf den Torwart geschossen wird: Volle 80 kg muss der Keeper daran hindern, ins Tor zu gehen.

81 Nahezu unglaubliche 81 Zeichen lang ist der volle Name eines Fußballclubs aus der holländischen Stadt Breda – das könnte der längste der Welt sein. Er lautet »Nooit opgeven altijd doorzetten Aangenaam door vermaak en nuttig door ontspanning Combinatie«. Er soll durch die Vereinigung zweier Vorgängervereine im Jahr 1912 entstanden sein, wobei einer NOAD (Nooit opgeven altijd doorzetten) und der andere ADVENDO (Aangenaam door vermaak en nuttig door ontspanning Combinatie) hieß. Beide Namen aneinandergefügt, ergeben den Bandwurm-

namen des Teams, der übersetzt in etwa so viel bedeutet wie »Gib nie auf, halt immer durch. Erfreulich, dank seiner Unterhaltsamkeit, und nützlich, wegen seiner Entspannung«. Allerdings wird der Club im alltäglichen Gebrauch kurz NAC Breda genannt, wobei NAC eine Art Superabkürzung für den Team-Namen »NOAD ADVENDO Combinatie« ist. Die Mannschaft spielt übrigens recht erfolgreich in der niederländischen Profi-Liga.

82

82 reguläre Tore wurden in der Bundesliga-Saison 2009/10 von Schiedsrichtern nicht anerkannt. In etlichen Fällen haben Schiedsrichter nicht denselben guten Überblick wie Fernsehkameras, die das Material für eine nachträgliche Analyse eines Spielzugs oder eines Schusses auf das Tor liefern können.

87

87 Sekunden nach Spielbeginn sah er Rot: Am 21. August 2010 erhielt der beim 1. FC Köln spielende libanesische Fußballer Youssef Mohamad in der Partie gegen den 1. FC Kaiserslautern eine der schnellsten Roten Karten der Bundesliga-Geschichte. Er hatte die »Notbremse« gezogen, also einen Gegenspieler schwer gefoult, und ihm so eine relativ sichere Torchance genommen. Das DFB-Sportgericht sperrte ihn wegen des Vergehens für drei weitere Spiele.

90

Ein Fußballfeld darf in der Länge zwischen 90 und 120 m messen. Für internationale Begegnungen ist es allerdings genau festgelegt – schau mal unter der 105 nach.

90 Ein Fußballfeld muss laut DFB mindestens 45 m breit sein und darf eine Breite von höchstens 90 m nicht überschreiten. Das maximal große Fußballfeld ist also 90 m breit und 120 m lang. Im Vergleich zu den Spielfeldern der Fußballgeschichte allerdings sind das winzige Abmessungen. Die ersten historischen Fußballspiele im mittelalterlichen England fanden nämlich zwischen zwei Dörfern oder Städten statt, und die Tore waren – die Stadttore! Die eine Mannschaft musste versuchen, den Ball durch das Stadttor des Gegners zu kicken, und das konnte schon einmal einige Kilometer weit entfernt liegen. Fußball war damals also eine Art Geländesport, querfeldein und über Stock und Stein. Auch von Fairness war noch keine große Rede – bei jedem Match blieben Spieler auf der Strecke ...

90 Genau 90 Minuten dauert ein Fußballspiel, denn jede der beiden Halbzeiten ist 45 Minuten lang. Allerdings kann der Schiedsrichter wegen Spielunterbrechungen nachspielen lassen: Sieh mal bei der 28 nach, wie lange die bisher längste je von einem Unparteiischen angeordnete Nachspielzeit betrug ...

90 Der brasilianische Torwart Rogério Ceni dürfte der gefährlichste Torschütze in dieser Rolle auf dem Fußballfeld gewesen sein. Im Laufe seiner langen Karriere schoss er bisher 90 Tore, davon 53 Freistoßtore und 37 Treffer vom Elfmeterpunkt. Er hält aber noch weitere Rekorde. Sieh mal bei der 618 nach.

98

In der Fußballsaison 1994/95 ging es wohl toll zu: 98-mal flog in den 306 Spielen der Bundesliga ein Akteur vom Platz. Im Durchschnitt musste also etwa in jedem dritten Spiel ein Fußballer während des Spiels den Rasen verlassen.

100 Anlässlich seines 100. Länderspiels durfte der österreichische Mittelfeldspieler Andreas Herzog ein einziges Mal die Rückennummer 100 tragen. Die FIFA gestattete ihm dies für die Begegnung Österreich gegen Norwegen. Dadurch war er der erste und bisher einzige professionelle Fußballer mit einer dreistelligen Ziffer auf dem Rücken in einem internationalen Spiel. In solchen Begegnungen sind sonst nur maximal zweistellige Zahlen erlaubt.

100 Durchschnittlich 100–120 km/h schnell ist ein Fußball, der vom Elfmeterpunkt auf das Tor geschossen wird. Besonders kräftige Spieler können bei Schüssen mit dem Vollspann 160–170 km/h erreichen. Den Rekord hält der englische Spieler David Hirst mit 183,4 km/h. David Beckham soll bei seinem schnellsten Schuss 157,5 km/h erreicht haben.

Es kommt aber bei einem Schuss nicht nur auf die Geschwindigkeit an. Ein »langsamer« Bananen- oder Flatterball kann für den Torwart viel gefährlicher sein, ebenso eine sogenannte »Bogenlampe«. Sie sind in ihrer Flugbahn ziemlich schwer einzuschätzen.

100 Als der »dickste Feldspieler aller Zeiten« wird manchmal neben Maradona und Ronaldo auch der ehemals für Alemannia Aachen spielende Günter Delzepich genannt, der als Aktiver rund 100 kg – genauer gesagt zwischen 98 und 102 kg – gewogen haben soll. Man sagte »zwei Meter, zwei Zentner«, wenn man von ihm sprach. Günter Delzepich war allerdings alles andere als ein lahmes Dickerchen, sondern ein richtiges Kraftpaket. Der 1,92 m große Spieler trat 179-mal für den Aachener Verein an und erzielte 29 Tore. Seine Schusskraft war legendär: Er soll einmal gewettet haben, er könne einen Medizinball von außerhalb des 16-Meter-Raums ins Tor schießen – ohne dass der Ball zwischendurch den Boden berührt! Leider verlor er diese Wette, denn er schoss im hohen Bogen über das Tor.

101 Die meisten Tore in einer einzigen Spielzeit schoss der FC Bayern München. 101 Treffer konnten die Bayern in der Saison 1972/73 versenken.

105

Der Weltfußballverband FIFA hat festgelegt, wie groß ein Spielfeld für internationale Begegnungen sein muss. Ein Fußballfeld soll nach der FIFA-Norm 105 m lang und 68 m breit sein.

106

Beim Tischfußballspiel »Tipp-Kick« hat das Spielfeld eine Größe von 106 x 70 cm. Es ist sozusagen ein Fußballfeld im Maßstab 1:100. Auf dem Feld stehen je vier Spieler, gespielt werden 2 x 5 Minuten. Bei einem Unentschieden folgt eine Verlängerung von 2 x 2 Minuten. Die Tipp-Kick-Spieler sind in über 50 Vereinen und vereinsübergreifend im Deutschen Tipp-Kick-Verband (DTKV) organisiert. Mehr als 1000 Spieler kämpfen regelmäßig um den Sieg. Es gibt sogar eine Bundesliga. Der älteste Tipp-Kick-Verein ist die TFG 38 Hildesheim – 1938 gegründet!

107

107-mal hat der FC Schalke 04 in der Saison 2009/10 gefoult, wie fleißige Statistiker ermittelten. Damit liegt die Mannschaft aus Gelsenkirchen-Schalke an erster Stelle der »Tretertabelle«. An deren Schluss rangiert der VfB Stuttgart mit nur 60 Saison-Fouls. Offensichtlich geht es im Ruhrgebiet rauer zu als im »Ländle«.

111

Er könnte der schwergewichtigste Fußballer der Welt sein: 111 kg soll Kristof van Hout, der Torwart von Standard Lüttich in Belgien, wiegen.

115 So viele Fouls mussten die Spieler von 1899 Hoffenheim in der Saison 2009/10 einstecken, denn sie stehen an Platz 1 der Tabelle der gefoulten Mannschaften. Immerhin auch 100 Fouls hatten die Kicker von Bayer 04 Leverkusen hinzunehmen, und auf Platz drei folgt ihnen der VfL Bochum mit 93 erlittenen Vergehen.

115 In der Saison 2005/06 stellten die Spielerinnen des 1. FFC Turbine Potsdam einen Bundesliga-Rekord im Frauenfußball auf: Sie trafen 115-mal ins gegnerische Tor.

120 Ein Fußballfeld darf laut DFB höchstens 120 m lang sein. Das Höchstmaß für die Spielfeldbreite beträgt 90 m – die maximale Spielfeldgrößte liegt also bei 90 x 120 m.

122 Bei der FIFA sind 122 Frauen-Nationalmannschaften registriert.

128 Die Stürmerin Birgit Prinz hat bereits 128 Tore für die deutsche Frauen-Nationalmannschaft geschossen. In der Frauen-Bundesliga hat sie sogar schon 264 Treffer erzielt (Stand März 2011).

131 Die Lautstärke eines startenden Düsenflugzeugs in 30 m Entfernung (140 dB(A)) erreicht eine Vuvuzela, das mit der WM 2010 in Südafrika berühmt gewordene Blasinstrument, nicht. Aber in einem Meter Abstand vom Trichter wurde ein Schalldruckpegel von 120 dB(A) gemessen. Direkt davor werden bis zu 131 dB(A) erreicht, was der Schmerzschwelle des menschlichen Gehörs entspricht.

135 Bis zum 30. Oktober 2010 war der peruanische Fußballer Claudio Pizarro (Werder Bremen) mit 135 Treffern der beste ausländische Torschütze der Bundesliga.

138 Mit einer Körpergröße von 138 cm (= 1,38 m) ist Cem Yazirlioglu, der in Berlin pfeift, der kleinste unter den 80 000 Schiedsrichtern in Deutschland. Er ist 22 Jahre alt und leidet unter Hypochondroplasie, der häufigsten Form des Kleinwuchses. Schwierigkeiten, sich als Schiedsrichter auf dem Platz durchzusetzen, hat er aber nicht. Alle Spieler respektieren ihn.

145 Während der Fußballweltmeisterschaft 2010 in Südafrika landete der Ball 145-mal im Tor. Das ist zwar ein beachtliches Ergebnis, aber bei der WM 1998 in Frankreich trafen die Spieler aller Mannschaften noch 40-mal häufiger.

149 Kaum vorstellbare 149 Eigentore schoss eine Erste-Liga-Mannschaft aus Madagaskar aus Protest gegen eine Schiedsrichterentscheidung – so berichtete 2002 das Nachrichtenmagazin »Der Spiegel«. Der Fußballclub mit dem Namen Stade Olympique l'Emyrne (SOE) machte sich und zugleich die gegnerische Mannschaft AS Adema zum Rekordhalter: das höchste Ergebnis in einem Erstliga-Spiel.

150 Die Stange der Eckfahne an jeder Ecke des Spielfelds muss mindestens 150 cm (= 1,50 m) hoch sein und darf oben keine Spitze haben, denn sonst könnte sich jemand daran verletzen. So ist es in den DFB-Regeln von 2009/10 festgelegt.

157 Diego Mario Buonanotte Rende ist ein argentinischer Fußballspieler und hat nicht etwa 157 Tore geschossen. Nein, er ist nur 157 cm (= 1,57 m) groß und steht als Spielmacher bei CA River Plate auf dem Platz. Beim Olympischen Fußballturnier 2008 in China erzielte er für sein Nationalteam einen Treffer und gewann mit Argentinien die Goldmedaille.

163 Mit einer der kleinsten Kicker weltweit könnte der 163 cm (= 1,63 m) große ehemalige finnische Fußballer Marko-Olavi Myyry gewesen sein, der unter anderem für den SV Meppen gespielt hat. Auf jeden Fall dürfte er einen anderen Rekord halten: Als Einziger hat er keinen der herkömmlichen Vokale a, e, i, o oder u in seinem Nachnamen, sondern gleich dreimal den Buchstaben Y.

165 Mit 165 cm (= 1,65 m) ist er einer der kleinsten Profifußballer in Deutschland: der aus Frankreich stammende Mittelfeldspieler Gaetan Krebs, der in der Zweiten Bundesliga für den Karlsruher SC antritt.

165 Auch nur 165 cm (= 1,65 m) misst der Weltstar des Fußballs Diego Maradona, der nach dem Ende seiner aktiven Karriere 2010 Trainer der argentinischen Nationalmannschaft war. Er gewann zahlreiche Titel und Auszeichnungen und gilt als einer der besten Fußballspieler der Geschichte. 1986 wurde er mit der Nationalmannschaft Argentiniens Weltmeister und im Jahr 2000 gemeinsam mit dem Brasilianer Pelé von der FIFA zum Fußballer des Jahrhunderts gewählt.

185 Die meisten Treffer während einer Fußballweltmeisterschaft der Männer gingen bei der WM 1998 ins Netz. Insgesamt fielen 185 Tore.

200 Nur 200 cm (= 2 m) hoch ist das Tor, auf das in Deutschland und Österreich Jugendmannschaften schießen. Das Fußballtor für erwachsene Spieler ist um 44 cm höher.

200 Mehr als 200 Journalisten waren im Oberhausener Sea Life anwesend, als Krake Paul am 9. Juli 2010 seinen Tipp für das WM-Finalspiel Niederlande – Spanien am nächsten Tag abgab. Fernsehteams aus Brasilien, den Niederlanden, Russland und Spanien übertrugen das kuriose Ereignis live. Krake Pauls Vorhersage war übrigens richtig: Spanien siegte mit 1:0 und wurde Fußballweltmeister.

202 Erst volle 202 cm (= 2,02 m) über dem Rasen endet der tschechische Riese Jan Koller, der als Stürmer seit 2010 für den französischen Verein AS Cannes auf dem Platz steht. Bekannt ist er weniger für seine Größe als für seinen unvorhergesehenen Einsatz als Torwart bei Borussia Dortmund: Torhüter Jens Lehmann wurde am 9. November 2002 in einem ziemlich wilden Auswärtsspiel gegen den FC Bayern München wegen Meckerns vom Platz gestellt. Da das Wechselkontingent des Vereins bereits ausgeschöpft war, spielte Koller – er hatte bereits ein Tor geschossen – von der 67. Minute an für sein Team im Tor. Er soll eine der besten Leistungen eines Feldspielers in einem Bundesliga-Tor gebracht haben.

Obwohl er mehrere Torchancen der Bayern verhinderte und keinen weiteren Treffer zuließ, gewann Bayern mit 2:1.

202 Ebenfalls 202 cm (= 2,02 m) groß sind Stefan Maierhofer, unter anderem für den MSV Duisburg im Einsatz, und Stefan Brasas, für verschiedene Vereine als Torhüter beschäftigt und nach dem Ende seiner Karriere als Torwarttrainer in den Vereinigten Arabischen Emiraten tätig.

203 Der chinesische Fußballer Changpeng Yang, in seiner Karriere unter anderem aktiv für den Hubei Wuhan Football Club und den Chengdu Blades F.C., ist 203 cm (= 2,03 m) groß und damit sicher einer der größten Fußballer der Welt.

204 Noch einen Zentimeter größer ist der norwegische Stürmer Tor Hogne Aarøy, der für Aalesunds FK spielt. Mit 204 cm (= 2,04 m) gilt er als der größte aktive Feldspieler des Profifußballs in Europa.

208 Er ist der absolut Größte: Kristof van Hout, der Torwart von Standard Lüttich in Belgien. Er überragt die größten bisher genannten Spieler noch um einige Zentimeter und erreicht 208 cm (= 2,08 m). Rekordverdächtig ist auch sein Gewicht: Es wird mit 110–111 kg angegeben.

208 Für die Fußballnationalmannschaft der Frauen spielte Birgit Prinz bis zum Jahresende 2010 bereits 208 Partien. Die achtfache Fußballerin des Jahres ist seit 1994 Mitglied der deutschen Nationalmannschaft der Frauen.

213 In den Jahren 1969–1990 schoss Manfred Burgsmüller 213 Tore in 447 Spielen. Nach seiner aktiven Karriere als Fußballer wechselte »Manni« zum American Football und spielte als Kicker für das Team »Rhein Fire« aus Düsseldorf.

220 Jupp Heynckes erzielte 1965–1978 in 369 Spielen 220 Tore. Wegen seiner leuchtend roten Gesichtsfarbe bei Aufregung wurde Jupp Heynckes nach einem Glühbirnenhersteller auch »Osram« genannt.

228 Wer war der schlechteste Schiedsrichter der Rückrunde 2010? Dazu befragte die Fußballzeitschrift »Kicker« 228 Bundesliga-Profis, und 50 von ihnen vergaben den wenig schmeichelhaften Titel an Babak Rafati. Auf dem zweiten Platz landete der Unparteiische Peter Gagelmann mit 25 Stimmen. Anfang 2011 sah die Sache etwas anders aus: Eine neue Umfrage von »Kicker« unter 286 Spielern der Bundesliga ergab: WM-Schiedsrichter Wolfgang Stark war der schlechteste Unparteiische der Hinrunde und verdrängte Referee Babak Rafati auf Platz 2. Zum besten Schiedsrichter wählten die Profis übrigens Florian Mayer, der fast ein Viertel der möglichen Stimmen erhielt.

244 Die Querlatte des Fußballtors befindet sich genau 244 cm (= 2,44 m) über dem Spielfeld. Oder noch genauer gesagt: die Querlattenunterkante. Dies ist in den Fußballregeln seit 1875 so festgelegt.

268 268 Tore in 535 Spielen konnte Klaus Fischer 1968–1988 erzielen – ziemlich genau in jedem zweiten Spiel einen Treffer. In der Nationalmannschaft brachte er den Ball in 45 Spielen gleich 32-mal ins gegnerische Tor. Wer möchte, kann sich in seiner Fußballschule zum Profi ausbilden lassen.

330 Inka Grings versenkte für den FCR 2001 Duisburg bis 2010 den Ball 330-mal im gegnerischen Kasten. Das ist ein ziemlich gutes Ergebnis für eine Sportlerin, die eigentlich Tennisspielerin werden wollte, aber vom örtlichen Tennisverein nicht aufgenommen wurde. Sicherlich hätte sie auch in dieser Sportart Beachtliches geleistet.

350

350 m weit würde ein Pass auf dem Mond fliegen, wenn man auf ihm Fußball spielen könnte. Da die Schwerkraft dort nur ein Sechstel der irdischen beträgt, könnte ein Ball leicht die Höhe von 50 m erreichen. Eine Sache müsste man in der Mondliga allerdings klären, bevor die ersten Spiele beginnen: Wie soll sich der Schiedsrichter bemerkbar machen? Weil es auf dem Mond keine Luft gibt, die den Schall trägt, könnte niemand seine Pfeife hören.

365

Gleich 365-mal traf Gerd Müller in 427 Partien das Tor, und zwar 1965–1979 – also erzielte er damit in 85 % aller Spiele einen Treffer. Viele halten den »Bomber der Nation« für einen der besten Stürmer aller Zeiten. Noch heute ist er amtierender Rekordtorschütze der Fußballnationalmannschaft, der Bundesliga und des FC Bayern München. Seine gefährlichste Angriffswaffe war die blitzschnelle Drehung auf engstem Raum. Sie überraschte so manchen Torwart und versetzte Gerd Müller in die Lage, auch aus den unwahrscheinlichsten Positionen vor dem gegnerischen Tor gefährliche Torschüsse abzufeuern. Kritiker bezeichneten ihn als »Abstauber«, weil er auch die kleinste Schwäche der gegnerischen Abwehr konsequent ausnutzte. Das dürfte einer der Gründe gewesen sein, weshalb ihn stets zwei gegnerische Verteidigungsspieler deckten.

368 Die Höhe des WM-Pokals beträgt 368 mm (= 36,8 cm). Der Wanderpokal besteht aus Gold mit einem Feingehalt von 750/1000 und ist, je nach Goldpreis, mehr als 120 000 Euro wert.

410 Ein Fußball des Weltfußballverbandes (FIFA) muss bei Spielbeginn 410 g aufweisen und darf höchstens 450 g wiegen. Im Laufe des Spiels wird er schwerer – das Material nimmt Wasser auf.

500 Nur 500 cm (= 5 m) breit ist das Tor, auf das in Deutschland und Österreich Jugendmannschaften schießen. Das Fußballtor für erwachsene Spieler ist 2,32 m breiter.

600 Mit einer schlappen »Pocke« darf nicht gespielt werden, meint der Deutsche Fußballbund: Die DFB-Regeln legen fest, dass der Ball bei einem Fußballspiel mindestens einen Innendruck von 600–1100 g/cm² aufweisen muss, auf Meereshöhe gemessen.

602 Karl-Heinz Körbel trat 602-mal für Eintracht Frankfurt in der Bundesliga an – das sind die meisten Bundesliga-Einsätze eines Spielers aller Zeiten. Heute arbeitet er als Trainer.

618 Die ungewöhnliche Rückennummer 618 trug der brasilianische Torwart Rogério Ceni, als er am 28. Juli 2005 zum 618. Mal für seinen Verein São Paulo aufs Spielfeld lief und damit Rekordspieler wurde. Bis zum 12. März 2009 soll er inzwischen 841-mal für seine Mannschaft gespielt haben.

623 Wer Tore sehen will, muss zum Frauenfußball gehen: Allein in der Saison 2005/06 fielen in der Frauen-Bundesliga 623 Tore in 132 Spielen. In jedem Spiel waren also durchschnittlich 4,72 Treffer zu sehen. In der schwachen Saison 1991/92 blieb es bei 629 Toren in 220 Spielen – »nur« 2,86 Tore pro Spiel.

732 Der genaue Abstand zwischen den Innenseiten der Torpfosten beträgt nach den Regeln der FIFA genau 732 cm (= 7,32 m).

750 In der Dachkonstruktion des Dortmunder Westfalenstadions stecken 750 Tonnen Stahl.

790 Die wenigsten Tore in einer Bundesliga-Saison fielen 1989/90, und zwar 790 in 306 Spielen. Das sind im Durchschnitt immerhin noch 2,58 Tore pro Spiel.

827 Über diesen traurigen Rekord werden sich die Mannschaften von Tasmania Berlin und Borussia Mönchengladbach nicht gefreut haben: Im Jahr 1966 kamen ganze 827 Zuschauer ins Stadion zu einem Spiel dieser beiden Mannschaften. Weniger Zuschauer hat es bisher bei keiner weiteren Begegnung in der Bundesliga gegeben.

829 Torwart Eike Immel kassierte in der Bundesliga 829 Tore. Er brauchte dazu 534 Bundesliga-Spiele. Ein schlechter Torwart war er dennoch nicht: Er stand 19-mal im Tor der Nationalmannschaft und schaffte in der Bundesliga insgesamt 147 »Zu-null«-Spiele – Partien, in denen er keinen einzigen Treffer einstecken musste. Besser in dieser Disziplin waren nur seine Kollegen Oliver Kahn und Oliver Reck.

884 Volle 884 Spielminuten lang hielt der Torhüter Timo Hildebrand für den VfB Stuttgart seinen Kasten dicht – er kassierte vom 25. Mai bis zum 4. Oktober 2003 kein einziges Tor seiner Gegner.

900 Immerhin 900 Kilokalorien verbraucht ein Schiedsrichter ungefähr während eines Fußballspiels, wenn er immer auf Ballhöhe bleiben will. Seine Laufleistung entspricht in etwa der eines Verteidigers.

915 Der Kreis um den Anstoßpunkt des Spielfeldes hat einen Radius von 915 cm (= 9,15 m), misst also im Durchmesser 18,30 m. 9,15 m ist übrigens auch der Radius der Halbkreise, die auf dem Fußballfeld an den 16-Meter- oder Strafraum angrenzen, vom Elfmeterpunkt aus gemessen.

1000 Wenn man es mit den Einnahmen von Fußballspielern heute vergleicht, kann man nur staunen: Ganze 1000 DM – also gute 500 Euro – erhielt jeder der deutschen Spieler der WM-Siegermannschaft von 1954. Sie hatten das »Wunder von Bern« geschafft und waren erstaunlicherweise Weltmeister geworden. Doch keiner von ihnen war ein Profi und jeder von ihnen hatte neben dem Fußballspielen einen ganz gewöhnlichen Beruf. So war der Torwart Toni Turek Angestellter bei den Düsseldorfer Rheinbahnen, Linksaußen Hans Schäfer arbeitete als Friseur, Abwehrspieler Werner Kohlmeyer verdiente sein Geld in einer Spinnerei, Werner Liebrich war Postbeamter und die Brüder Ottmar und Fritz Walter hatten eine Tankstelle und eine Wäscherei. Häufig machten Fußballer in der Vergangenheit am Ende ihrer Karriere eine Gaststätte oder einen Kiosk auf – so reich wie heute wurde man damals durch Fußball nicht.

1097 In der Rekordspielzeit 1983/84 fielen ganze 1097 Bundesliga-Tore in insgesamt 306 Spielen. Das entspricht einem Durchschnitt von 3,58 Toren pro Spiel. Trotzdem, Männer: Die Frauen können das besser! Sieh bitte mal bei der 623 nach.

1352

Das Spiel Rot-Weiß Oberhausen gegen Kickers Offenbach in der Saison 1972/73 war nicht gerade ein Publikumsmagnet: Vor nur 1352 Zuschauern siegte Rot-Weiß Oberhausen 2:1.

1500

Ein aktiver Fußballspieler verbraucht während der 90 Minuten eines durchschnittlichen Spiels 1500 Kalorien – so viel wie ein »Schreibtischtäter« an einem ganzen Tag.

1595

1595 Euro, so viel kostet die Dental-Power-Splint-Schiene, die der Frankfurter Zahnspezialist Dr. Steffen Tschackert dem Nationaltorwart Manuel Neuer im Februar 2011 zur Leistungssteigerung eingesetzt hat. Offenbar glaubt der Keeper an das »Zahn-Doping«, das mehr Kraft, Beweglichkeit, Ausdauer und Flexibilität bringen soll. Steffen Tschackert betreut übrigens auch das deutsche Olympia-Team und die Junioren-Teams des DFB.

1848

Die ersten Fußballregeln wurden 1848 von Studenten der Universität Cambridge niedergeschrieben – ein Meilenstein der Fußballgeschichte! Darin war unter anderem festgelegt, dass eine Mannschaft aus 15 bis 20 Spielern bestehen kann ...

1911 Die erste Fußballzeitschrift in Deutschland mit dem naheliegenden Namen »Fußball« kam 1911 auf den Markt und wurde bis zum Jahr 1944 gedruckt. Nach dem Krieg gab es »Fußball« noch einmal von 1948 bis 1951.

1955 1955 wurde der Frauenfußball in Deutschland ... nein, nicht offiziell zugelassen, sondern verboten! Der DFB-Bundestag verhängte eine Platzsperre gegen Frauen, weil diese an »Körper und Seele unweigerlich Schaden erleiden« würden, wenn sie Fußball spielten. Ein schwarzes Jahr in der Fußballgeschichte! Erst im Jahr 1970 hoben die rückständigen alten Herren das Verbot wieder auf, weil die Frauen sonst einen eigenen Fußballverband gegründet hätten.

2100 Für eine Helligkeit von 2100 lx (lx = Lux, lateinisch für Licht; Einheit der Beleuchtungsstärke) sorgt die Flutlichtanlage von Borussia Dortmund. Damit ist die Spielstätte der Borussen eines der hellsten Stadien. Zum Vergleich: Ein durchschnittlicher

Wohnraum wird mit ungefähr 400–500 lx beleuchtet, in einem Fernsehstudio herrscht eine Helligkeit von 1000 lx. Die Helligkeit an einem bedeckten Wintertag beträgt etwa 3500 lx, im Sommer werden 10 000 lx im Schatten und 100 000 lx im hellen Sonnenlicht gemessen.

2760

2760 rautenförmige Folienkissen bilden die Bedachung und die Fassade der Allianz Arena in München – insgesamt eine Fläche von 66 500 m^2!

3000

Es wird immer wieder behauptet, das Fußballspiel sei schon vor 3000 Jahren bei den Maya und auch bei den Azteken, Mixteken, Olmeken, Tolteken und Zapoteken bekannt gewesen. Es gab wohl bei vielen mittel- und südamerikanischen Kulturen der Frühzeit ein Ballspiel mit ähnlichen Regeln, aber entscheide selbst, ob man es Fußball nennen kann: »Ullamaliztli« nannten es die Azteken und bei den Maya hieß es »Pok ta pok«. Gespielt wurde mit einem Ball aus Kautschuk, der etwa 1,5 kg und mehr wog. Die Spieler mussten den Ball in der Luft halten, denn wenn er den Boden berührte, gab es Strafpunkte. Die Hände und Füße durften nicht zum Einsatz kommen, der Ball musste mithilfe der Schultern, der Hüfte oder eines Ellenbogen, vielleicht auch der Knie bewegt werden. Das hat sicherlich zu kuriosen Verrenkungen geführt – schon deshalb kann man hier eigentlich nicht von Fußball reden. Die »Tore« waren steinerne Ringe in 6 m Höhe am Spielfeldrand.

4050

Das kleinste zulässige Fußballfeld ist 45 m breit und 90 m lang und hat damit eine Fläche von 4050 m². Das ist in etwa so groß wie der Parkplatz für 100 Pkws.

4510

Eine Papierkugel brachte bei einer Versteigerung im Internet den Betrag von 4510 Euro ein – allerdings war es eine ganz besondere Papierkugel: Im UEFA-Cup-Halbfinale zwischen dem Hamburger SV und Werder Bremen hatte ein Zuschauer das etwa faustgroße Knäuel auf den Platz geworfen und damit unerwartet Einfluss auf den Spielverlauf genommen. Die Papierkugel lenkte den Ball zur Ecke ab und aus dem Eckball wurde das entscheidende Tor für Werder Bremen. Der bei der Versteigerung erzielte Geldbetrag ging an das Kinderhospiz Löwenherz in Syke bei Bremen.

5500

Etwa 5500 Besucher passen in das einzige länderspieltaugliche Fußballstadion der Republik San Marino in Serravalle. Im Stadio Olimpico konnte die Nationalmannschaft des Zwergstaates bisher nur einen einzigen Sieg feiern. Übrigens: Das Stadion fasst ein Sechstel der Gesamtbevölkerung des Landes, das gibt es nirgendwo sonst auf der Welt.

5557

In einen offiziellen Turnierfußball passen 5557 cm^3, also etwas mehr als 5,5 l. Andere Quellen geben 5,78 l an. Wobei es schwierig ist, das genaue Volumen eines Fußballs zu berechnen. Er ist ja keine Kugel, sondern ein sehr kompliziertes geometrisches Objekt, nämlich ein abgestumpftes Ikosaeder. Das besteht aus 12 regelmäßigen Fünfecken und 20 regelmäßigen Sechsecken.

6000

Wenig friedlich geht es oft rund um die Fußballstadien zu. Ungefähr 6000 Straftaten kamen in der Saison 2008/09 in Deutschland zur Anzeige, und die Kosten für die Polizei-Einsätze in den Fußball-Ligen belaufen sich auf ungeheure Summen: Sieh einmal bei der Zahl 100 000 000 nach!

6000 Fansteine helfen einem Fußballverein: Sie werden verkauft, um zum Beispiel den Bau oder die Renovierung eines Stadions zu finanzieren oder den Verein auf andere Weise zu unterstützen. Bei Borussia Mönchengladbach wurden 6000 Fansteine zu je 170 Euro verkauft. Jeder einzelne Stein ist 28 cm lang, 18 cm breit und 5,7 kg schwer. Eine persönliche Inschrift darauf teilt mit, wer seinem Verein auf so besondere Weise geholfen hat. In Mönchengladbach wurden die Steine zu einer riesigen Raute, dem Symbol des Vereins, zusammengefügt.

6175 Aus vollen 6175 g Gold mit einem Feingehalt von 750/1000 wurde der WM-Pokal gefertigt. Er hat eine Höhe von 36,8 cm. Je nach Goldpreis ist er mehr als 120 000 Euro wert. Die Siegermannschaft darf ihn allerdings nicht für immer behalten, denn er ist ein Wanderpokal.

7140 Das von der FIFA festgelegte Normfußballfeld ist 105 m lang und 68 m breit, hat also die Fläche 105 m x 68 m = 7140 m².

10 800 Ein Fußballfeld maximaler Größe, also 120 m lang und 90 m breit, hat eine Fläche von 10 800 m². Das ist in etwa so groß wie der Parkplatz für 250 Pkws. Zum Vergleich: Zum Stadion von Borussia Mönchengladbach gehören ungefähr 9500 Parkplätze, rund um das Sportgelände angeordnet. Dafür werden etwa 436 000 m² Fläche benötigt – 40-mal so viel wie das größte mögliche Spielfeld oder etwa 61-mal so groß wie das Normfußballfeld der FIFA!

11 000 Der erste bewegliche Rasen der Bundesliga wächst in Gelsenkirchen, und zwar in einer 11 000 Tonnen schweren Stahlbeton-Schublade. Mithilfe dieser technischen Vorrichtung kann das Spielfeld sozusagen das Stadion verlassen, um Licht, Luft und Sonne zu tanken.

25 000 Auf einem FIFA-Fußballfeld sollen mindestens 25 000 Grashalme pro Quadratmeter wachsen, damit der Rasen ideal für die 22 kickenden Akteure geeignet ist.

25 000 Weil er Schulden hatte, musste Fußballstar Diego Maradona im Januar 2010 einen Diamantring versteigern. Der Ring wurde von einem Juwelier auf 5500 Euro geschätzt, aber eine fußballbegeisterte Unbekannte zahlte dafür 25 000 Euro.

41 802 Jedes Spiel der Ersten Bundesliga hatte in der Saison 2009/10 durchschnittlich 41 802 Zuschauer. Natürlich gab es auch Spiele, zu denen nur 20 000 Zuschauer kamen, dafür besuchten das nächste Spiel 60 000 Zuschauer.

50 000 Für den Bau des Dortmunder Westfalenstadions wurden 50 000 m³ Erde ausgehoben. Das entspricht einem riesigen Würfel mit 36,8 m Kantenlänge.

50 000 Die rund 1000 Lautsprecher im Stadion von Borussia Dortmund leisten 50 000 Watt. Es sind 120 Lautsprecher im Innenraum und weitere 900 im ganzen Stadion installiert.

53 334 Bei internationalen Spielen passen 53 334 Zuschauer in die Veltins-Arena des 1. FC Schalke 04. Wenn es nicht hochoffiziell zugeht, dürfen 61 127 Zuschauer hinein.

65 217 65 217 Mitglieder hatte der Hamburger SV am 1. Oktober 2009. Damit belegt er Platz 3 in der Mitgliederstatistik der Bundesliga.

66 000 In die Allianz Arena im Münchner Norden passen 66 000 Zuschauer. Sie ist das Gemeinschaftsstadion des FC Bayern München und des TSV 1860 München.

70 000

Bis zu 70 000 Hamburger Fußballfans konnten während der WM 2010 jeden Tag auf dem Heiligengeistfeld gemeinsam die Spiele verfolgen – Public Viewing ganz groß. Mit 70 m² Fläche war auch der »Fernseher« nicht klein, sondern einer der größten TV-Bildschirme der Welt. Der Ton zum Spiel kam aus 20 000-Watt-Boxen.

82 932 Das Stadion von Borussia Dortmund, der Signal Iduna Park, fasst maximal 82 932 Zuschauer. Das sind etwa so viele Menschen, wie die Stadt Marburg Einwohner hat. Anders betrachtet kann man sagen: Jeder siebte Einwohner der Stadt Dortmund (ca. 580 000 Einwohner) fände in dem Stadion Platz, wenn er Lust hätte, ein Spiel seiner Heimmannschaft zu besuchen.

88 074 Einen Zuschauerrekord soll es im Bundesliga-Spiel Hertha BSC gegen 1. FC Köln am 26. September 1969 im Berliner Olympiastadion gegeben haben: 88 074 Menschen sahen das Spiel vor Ort.

90 000 Mit 90 000 zahlenden Fans (Stand: Januar 2011) liegt Schalke 04 auf Platz 2 der Mitgliederstatistik in der Bundesliga.

98 772 Das größte europäische Stadion Camp Nou in Barcelona bietet 98 772 Zuschauern Platz. Es wird aber gerade (2011) umgebaut und soll noch mehr Zuschauer fassen können. Etwas weiter hinten findest du es wieder.

100 000 Im Azadi-Stadion in Teheran finden 100 000 Zuschauer Platz. Allerdings dürften dies nur Männer sein, denn Frauen ist es in der Islamischen Republik Iran verboten, Männern beim Fußball zuzusehen.

100 000 Die Stiftung »Schalke hilft!« des Fußballclubs FC Schalke 04 spendete 100 000 Euro für die Menschen in Haiti, die im Jahr 2010 von einem schweren Erdbeben betroffen waren. Auch andere Vereine wie der FC Bayern München, VfL Wolfsburg und Borussia Mönchengladbach halfen mit bedeutenden Summen.

105 064 Im Aztekenstadion in Mexiko-Stadt können sich 105 064 Fans versammeln.

110 000 Der Profifußball in Deutschland sorgt dafür, dass 110 000 Menschen in Lohn und Brot sind. So viele Arbeitsplätze hängen nach Auskunft der DFL (Deutsche Fußball Liga) von diesem Sport ab.

120 000 Das Yuba-Bharati-Krirangan-Stadion in Kolkata, Indien, fasst 120 000 Zuschauer! Dennoch dürfte es für die 4,5-Millionenstadt ein relativ kleines Stadion sein, und das dazu noch in einem Land, das 1,15 Milliarden Einwohner hat. Zum Glück verteilt sich die Begeisterung für den Sport in Indien auf die Sportarten Cricket, Hockey und Fußball.

120000

150 000 Das größte Fußballstadion der Welt, das Stadion Erster Mai, steht in Pjöngjang, Nordkorea, und fasst 150 000 Zuschauer. Nordkorea ist eine kommunistische Diktatur – internationale Turniere gibt es dort nicht.

150 000 Die deutsche Nationalmannschaft spendete 2010 für die Opfer der Erdbeben-Katastrophe in Haiti den beachtlichen Betrag von 150 000 Euro.

160 000 Fast sparsam im Vergleich zu manchen seiner Fußballerkollegen ist Arne Friedrich vom VfL Wolfsburg motorisiert: Sein Porsche 911 Turbo Cabrio mit 480 PS kostete neu »gerade mal« 160 000 Euro.

162 000 Der türkische Fußballverein Fenerbahce Istanbul hatte schon 2008 über 162 000 Mitglieder. Das ist ungefähr dreimal so viel, wie der Hamburger SV zusammenbringt.

162 187 Der Bundesliga-Verein mit den meisten Mitgliedern ist der FC Bayern München. Im Juni 2010 zahlten 162 187 Mitglieder regelmäßig ihren Beitrag. Mit dieser Mitgliederzahl liegt der Verein in der Bundesliga auf Platz 1. Auf Platz 2 folgt der FC Schalke 04.

173 000 So viele zahlende Mitglieder hat der FC Barcelona, und deshalb kann sich der Verein auch eines der größten Stadien der Welt leisten: Camp Nou soll demnächst 116 000 Zuschauer fassen können.

177 000
In Deutschland gibt es 177 000 Fußballvereine.

200 000

Er soll der Verein mit den meisten zahlenden Mitgliedern sein: Benfica Lissabon, Portugal. Seine 200 000 Vereinsmitglieder passen auf keinen Fall in das Estádio da Luz. Das Stadion kann etwa 65 647 Zuschauer fassen. 134 353 Vereinsmitglieder müssten also draußen bleiben ...

230 000

Profifußballer verdienen gut. Deshalb konnte sich Torsten Frings von Werder Bremen im Jahr 2010 auch einen anthrazitfarbenen Ferrari 612 Scaglietti leisten: 320 km/h schnell, Kostenpunkt etwa 230 000 Euro.

250 000

Das Thema Fußball interessiert die Fans auch in gedruckter Form: Die 80–96 Seiten starke Montagsausgabe der Zeitschrift »Kicker-Sportmagazin« erreicht regelmäßig eine Auflage um die 250 000 Exemplare. Wer allerdings glaubt, dass die Leser der Zeitschrift damit genug vom Fußball für diese eine Woche hätten, irrt gewaltig: Von der 48-seitigen Donnerstagsausgabe werden weitere 220 000 Exemplare gedruckt und verkauft. Das »Kicker-Sportmagazin« existiert seit 1968, also schon über 40 Jahre.

411 000 Fußball ist keine ungefährliche Sportart, sondern liegt bei der Zahl der Verletzungen weit vorn. Beim Kampf um Tore kommt es häufig zu Zusammenstößen und Rempeleien zwischen den gegnerischen Spielern, und dabei kann es mehr oder weniger schwere Blessuren geben. Es geschieht nicht selten, sondern ist eigentlich an der Tagesordnung. Pro Spiel werden im Durchschnitt zwei Spieler verletzt, und auf das Jahr gesehen müssen in Deutschland 411 000 Verletzungen beim Fußball behandelt werden. Zum Vergleich: Im Handballsport liegt die Zahl der jährlichen Verletzungen »nur« bei 92 000, beim Basketball verletzen sich 36 000 Menschen.

500 000 Die jährlichen Energiekosten für ein durchschnittliches Bundesliga-Stadion betragen 500 000 Euro, das ist eine halbe Million. Dabei schlagen besonders die Kosten für Flutlicht, weitere Beleuchtung und Rasenheizung zu Buche.

530 000 Ungefähr 530 000 Jugendliche zwischen 14 und 18 Jahren spielen insgesamt in Deutschland in Fußballvereinen.

1 000 000 Gekostet hat er 199 Euro, der blaue WM-Pulli, den Bundestrainer Jogi Löw während der Fußballweltmeisterschaft in Südafrika getragen hat. Versteigert wurde er für das Hilfswerk »Ein Herz für Kinder« und erbrachte einen Betrag von 1 Million Euro. Gekauft hat ihn eine bekannte Firmengruppe für Groß- und Einzelhandel.

1050301 Rekordzahlen im Frauenfußball: 1050301 Spielerinnen waren im Jahr 2010 in 14006 Mannschaften regelmäßig auf dem Platz aktiv. 2001 waren es noch 826787 Fußballerinnen. Diese Zahlen zeigen, wie stark die Begeisterung für Frauenfußball zugenommen hat.

1400000 In jeder Saison besuchen 1,4 Millionen Zuschauer die Heimspiele von Borussia Dortmund. Das Stadion ist daher immer ausverkauft.

1400000 Etwa 1,4 Millionen Kinder und Jugendliche bis 14 Jahre spielen in deutschen Fußballvereinen.

1 400 000 Die Rasenheizung im Borussiapark von Mönchengladbach leistet 1,4 Millionen Watt. Drei gasgefeuerte Heizungsanlagen sorgen dafür, dass auf dem Platz ideale Spielbedingungen herrschen, auch wenn das Wetter einmal alles andere als ideal für ein Fußballspiel ist.

4 580 000 In der Saison 2009/10 besuchten 4,58 Millionen Zuschauer die Spiele der Zweiten Bundesliga. Durchschnittlich kamen zu einem Spiel 15 000 Besucher.

5 000 000 Nach Angabe des internationalen Fußballverbandes FIFA arbeiten weltweit 5 Millionen Schiedsrichter und Funktionäre für den Sport.

6 700 000 Die Fußballvereine in Deutschland haben ungefähr 6,7 Millionen Mitglieder.

8 000 000 In den USA kicken tatsächlich 8 Millionen Frauen in Vereinen, die bei der FIFA registriert sind.

12 000 000 In den europäischen Ländern spielen 12 Millionen Frauen regelmäßig Fußball in einem Verein, der bei der FIFA eingetragen ist. Darüber hinaus wird es sicherlich noch weitere Frauen geben, die nur so zum Spaß in einer Fußballmannschaft mitspielen.

12 500 000 Fußballer, besonders wenn sie gut sind, verdienen nicht schlecht: Weltfußballer Lionel Messi bezog im Jahr 2009 vom FC Barcelona ein Grundgehalt von 12,5 Millionen Euro. Sieg- und Torprämien kamen selbstverständlich noch dazu.

12 790 000 In der Saison 2009/10 sahen 12,79 Millionen Zuschauer die Spiele der Ersten Bundesliga vor Ort in den Stadien. Das sind mehr als doppelt so viele wie 20 Jahre zuvor in der Saison 1989/1990, wo »nur« 6 048 207 Zuschauer die Spiele besuchten.

30 000 000 Ungefähr 30 Millionen der insgesamt 40 Millionen Fußbälle, die weltweit jährlich hergestellt werden, kommen aus Pakistan, also drei Viertel der Weltproduktion. Zentrum der Fußballproduktion ist die Stadt Sialkot in der an Indien grenzenden Region Punjab, in der übrigens auch andere Sportartikel sowie chirurgische Instrumente produziert werden.

30 000 000 Weltweit sind bereits 30 Millionen Frauen vom Fußballvirus infiziert und nehmen regelmäßig als lizensierte Spielerinnen in einem Verein an Spielen teil.

31 100 000 Das Halbfinalspiel Deutschland–Spanien (0:1) während der Weltmeisterschaft 2010 sahen unglaubliche 31,1 Millionen deutsche Zuschauer – das war absoluter Quotenrekord. Annähernd so viele Menschen saßen nur beim Halbfinale Deutschland–Italien (0:2) bei der WM 2006 vor den Geräten, und zwar 29,66 Millionen. Zum Vergleich: Als Lena 2010 beim Eurovision Song Contest siegte, verfolgten das »nur« 14,69 Millionen Zuschauer, und »Gute Zeiten, schlechte Zeiten« hat bisher maximal etwa 7 Millionen Menschen vor die Mattscheiben gelockt.

43 000 000

Die Ablösesumme ist ein Geldbetrag, der im Fußball bei einem Vereinswechsel gezahlt wird. Der alte Verein eines Spielers erhält diesen Betrag vom neuen Verein als Entschädigung für den Vereinswechsel. Mit dem Wechsel eines Spielers, dem sogenannten Transfer, kann ein Verein also eine Menge Geld verdienen. Vermutlich auch deswegen wird im Fußball oft gewechselt: 43 Millionen Euro erhielt Real Madrid zum Beispiel von Manchester City für den Vereinswechsel von Stürmer Robinho.

45 000 000 Sehr viel Geld, nämlich 45 Millionen Euro, ließ sich Real Madrid den Wechsel des Stürmers und erfolgreichen Torschützen Ronaldo kosten. Er hatte vorher bei Inter Mailand gespielt.

45 000 000 Der Wechsel von »Bobo«, so der Spitzname des Mittelstürmers Christian Vieri, von Lazio Rom nach Inter Mailand kostete ebenfalls 45 Millionen Euro.

46 000 000 Für Rio Ferdinand blätterte Manchester United 46 Millionen Euro hin. Leeds United kassierte.

46 000 000 Chelsea London kaufte Andrij Schewtschenko für 46 Millionen Euro vom AC Mailand. Andere Quellen sprechen sogar von 51 Millionen Euro.

48 000 000 Ein ziemlich großes Loch von 48 Millionen Euro riss der Vereinswechsel von Gaizka Mendieta in die Kasse von Lazio Rom. Der FC Valencia wurde um diesen Betrag reicher.

54 100 000 Als der Torwart Gianluigi Buffon zu Juventus Turin wechselte, füllten sich die Kassen vom FC Parma um 54,1 Millionen Euro.

55 000 000 Ziemlich teuer kam den Verein Lazio Rom der Wechsel von Hernan Crespo zu stehen: 55 Millionen Euro wurden vom römischen Verein an den FC Parma als Transfersumme gezahlt.

60 000 000 Eine Ablösesumme von 60 Millionen Euro erhielt der FC Barcelona von Real Madrid für den Vereinswechsel von Luis Figo.

70 000 000 Kaum zu glauben, aber die Webseite des FC Bayern München wird 70 Millionen Mal in einem einzigen Monat angeklickt. Das bedeutet: in jeder einzelnen Sekunde etwa 27-mal.

73 500 000 Die zweithöchste bisher gezahlte Ablösesumme floss für den Vereinswechsel von Zinédine Zidane. Real Madrid zahlte im Jahr 2001 an Juventus Turin 73,5 Millionen Euro für ihn.

94 000 000 Der portugiesische Stürmerstar Cristiano Ronaldo (mit vollem Namen Cristiano Ronaldo dos Santos Aveiro), nicht zu verwechseln mit dem Brasilianer Ronaldo Luís Nazário de Lima, kurz Ronaldo, kostete den Verein Real Madrid 94 Millionen Euro. Diesen Betrag kassierte Manchester United für den Vereinswechsel des Weltfußballers 2008. Das war die bisher höchste Ablösesumme für einen Fußballer.

100 000 000 Unglaubliche 100 Millionen Euro kosten die Polizei-Einsätze bei Fußballspielen die Steuerzahler in Deutschland etwa pro Jahr. Immer wieder werden Stimmen laut, die teilnehmenden Vereine sollten den Einsatz von Polizisten bei ihren Spielen selbst bezahlen. Schließlich wird beim Fußball auch viel Geld verdient. Doch das Geld für die Einsätze könnten vermutlich nur die großen Bundesliga-Clubs aufbringen, nicht aber die kleineren in den unteren Ligen.

178 500 000

Auf den 7140 m² eines FIFA-Fußballfelds sollen mindestens 178,5 Millionen Grashalme wachsen, damit der Rasen ideal für die 22 Kicker geeignet ist und die Zuschauer spannenden Spielen zusehen können.

265 000 000 265 Millionen Menschen sind Anhänger einer einzigen Sportart: Sie spielen aktiv Fußball. Damit ist Fußball die beliebteste Sportart der Welt. Nur in Nordamerika, Australien und im südlichen Asien steht das Kicken nicht auf Platz 1 der Beliebtheitsskala. In Nordamerika liegen die Sportarten Baseball, American Football, Basketball und Eishockey weit vor Soccer, wie Fußball dort genannt wird. In Australien sind viele Sportarten beliebt, darunter das Schwimmen, Cricket und Football nach den besonderen australischen Regeln. In Südasien spielen Tischtennis und Badminton eine große Rolle, in China und Japan wird Fußball allerdings auch immer beliebter.

400 000 000 Unfassbare 400 Millionen Euro soll die Mannschaft des FC Barcelona im Jahr 2008 wert gewesen sein, glaubt man den Einschätzungen der Experten für den Transfermarkt.

480 000 000 Noch teurer eingeschätzt wurde das Nationalteam von Spanien im Jahr 2009: über 480 Millionen Euro sollen die Fußballer von der Iberischen Halbinsel wert sein. Dagegen waren England (421 Millionen Euro), Frankreich (397,5 Millionen Euro) und Brasilien (388,5 Millionen Euro) wahre Schnäppchen.

Unendlich

Ja, was kann man zum Thema »Unendlich« und »Fußball« sagen? Sicher ist, dass es – solange die Menschheit existiert – noch unendlich viele Spiele im Freizeitsport und in den verschiedenen Ligen und Meisterschaften geben wird – und dass noch unendlich viele Menschen unendlich viel Spaß am Fußball, ob als Zuschauer oder als Aktive, haben werden ...

Textlektorat: Petra Bachmann
ISBN 978-3-7607-8464-9

www.arsedition.de

Der Stand der Fakten in diesem Buch entspricht dem Stand bei Redaktionsschluss im April 2011.

Neben anderen Quellen stammen die Informationen in diesem Buch aus folgenden Büchern und Internet-Seiten:

Eichler, Lexikon der Fußballmythen, Frankfurt 2000
it.wikipedia.org
www.amustud.de/bundesliga/TorwartUndElfmeter.htm
www.ball-blog.de/die-zehn-schnellsten-schuesse.html
www.bild.de
www.brasilienportal.ch/sport/fussball/fussball- historisches.html

www.bz-berlin.de
www.dfb.de
www.fussball.de
www.fussball-kurios.de
www.goethe.de
www.max.de
www.pm-magazin.de/r/gute-frage/bei-welchem-sport-verletzt-man-sich-schnell
www.rp-online.de
www.spiegel.de/sport/fussball/0,1518,447956,00.html
www.sportbild.bild.de
www.sueddeutsche.de
www.tippkick-liga.de/htm/1bl/1bl_spiele.shtml
www.wahretabelle.de/wahretabelle/fehlentscheidungen.php
www.wahretabelle.de/wahretabelle/treter-tabelle-2009-2010.php?nr=5
www.welt.de
www.welt.de/die-welt/politik/article6642443/Ich-war-Polizist-und-Hooligan.html
www.weltderphysik.de/de/4642.php
www.wikipedia.de

Von 0 bis unendlich ...

ISBN 978-3-7607-7959-1
€ 7,95 (D) • € 8,95 (A)

Das Zahlen-Sammelsurium versammelt jede Menge Infomatives, Witziges, Sinniges und Unsinniges aus der Welt der Zahlen:

0 und 1 sind die einzigen Zahlen, die der Computer in seinem »binären Zahlensystem« kennt.

•

7 Wirbelknochen hat die Giraffe in ihrem Hals – genauso viele wie das Meerschweinchen.

•

139 m hoch ist die höchste Achterbahn der Welt: die Kingda Ka in den USA.

•

Ein Jahr hat 31 536 000 Sekunden.

... und 1355 Sammelsuriums-Fakten mehr ...